W0295860

Remerciements

Isabelle Brouant tient à remercier particulièrement pour leur aide : La Forge subtile (Paris), Garrigues céramiques, CFOC (Paris), Affinité terre, Arthur Hoffner et Jean-Michel qui a mis un bon coup de main à la pâte et lui a accordé sa confiance.

Pour être tenu au courant de nos publications, envoyez vos coordonnées à :
La Plage – 8, rue du Parc – 34200 Sète
edition@laplage.fr

© Éditions La Plage, 2010
ISBN : 978-2-84221-220-9
Conception graphique : David Cosson – dazibaocom.com
Correction : Clémentine Bougrat
Photogravure : Atelier Six, Montpellier
Imprimé sur du papier issu de forêts gérées durablement à Barcelone, sur les presses de Beta (SP), imprimeur labellisé pour ses pratiques respectueuses de l'environnement.

Toute reproduction, intégrale ou partielle, par quelque procédé que ce soit, de la présente publication, faite sans l'autorisation de l'éditeur est illicite (article L/122.4 du Code de la propriété intellectuelle) et constitue une contrefaçon. L'autorisation d'effectuer des reproductions par reprographie doit être obtenue auprès du Centre français d'exploitation du droit de copie (C.F.C.) – 20, rue des Grands-Augustins – 75006 Paris – Tél. : 01 44 07 47 70.

ANNE BRUNNER

PÂTES FRAÎCHES

PHOTOGRAPHIES DE **JEAN-MICHEL RENAUDIN**
STYLISME PAR **ISABELLE BROUANT**

FAIT **BIO**

FAIT **MAISON**

éditions la plage

Sommaire

{intro}

DES PÂTES FRAÎCHES ET BIO

DES PÂTES BIO

Des pâtes bio, ce sont tout d'abord des pâtes préparées à base d'ingrédients issus de l'agriculture biologique : les céréales et les œufs ont été obtenus selon des méthodes conformes au cahier des charges européen, sans engrais ni pesticides de synthèse et en garantissant des conditions d'élevage décentes aux poules.

Mais la cuisine bio ne s'arrête pas nécessairement au choix d'ingrédients bio. Elle peut aussi proposer des pâtes un petit peu différentes, qui mettent en valeur tout l'éventail des productions végétales disponibles :

- En utilisant toute la gamme des céréales, en complément ou en remplacement du blé. Vous trouverez dans ce livre des recettes de pâtes au seigle, au sarrasin ou au riz par exemple. Chacune développe un goût et une texture spécifiques, à découvrir avec gourmandise.
- En choisissant des légumes de saison, tout au long de l'année, qui apportent des saveurs vives et variées. Les recettes d'été vous régaleront généreusement de tomates et de légumes méditerranéens. De l'automne au printemps, je vous propose d'autres légumes du marché, pour des sauces de toutes les couleurs : courges, betteraves ou épinards, par exemple.
- En privilégiant les protéines végétales, plus économiques et écologiques que la viande. En tenant compte des économies réalisées, le choix d'ingrédients bio devient accessible au plus grand nombre. Dans ces recettes, vous retrouverez donc toute la diversité des légumineuses, des

LES PÂTES SANS VIANDE : COMMENT EN FAIRE UN PLAT COMPLET ?

Bien accompagnées, les pâtes fournissent un plat végétarien complet. En associant les protéines du blé (ou d'une autre céréale) à celles des œufs, des légumes secs ou du fromage, un plat de pâtes apporte même tous les acides aminés essentiels. Pour optimiser l'apport nutritionnel des pâtes, voici quelques recommandations qui semblent faire actuellement l'unanimité auprès des experts en nutrition :

- Utilisez des farines complètes et semi-complètes. En plus de la saveur, de la couleur et de la texture originales qu'elles donnent aux pâtes, les farines peu raffinées apportent une teneur significative en protéines, fibres et minéraux.
- Choisissez avec soin vos matières grasses. On peut par exemple arroser ses pâtes d'un filet d'une huile vierge crue, en variant les plaisirs (olive, noisette, colza, chanvre, etc.).

lentilles aux haricots en passant par le tofu et les pois chiches. Associées aux céréales, elles permettent de préparer un plat complet équilibré, même si la part de viande est réduite ou absente.

■ Enfin, en modérant l'usage de la crème fraîche ou du fromage râpé. On y rencontrera le plaisir gustatif de ressentir avec plus de précision la saveur des légumes. Je vous propose donc de temps à autre des substituts végétaux (« crème fraîche » au soja ou à l'avoine par exemple), ou l'ajout de graines et de fruits secs (comme la noisette ou le lin).

FAIRE SES PÂTES SOI-MÊME

Pourquoi prendre le temps de préparer des pâtes soi-même, alors que les pâtes sèches, disponibles partout en bio, sont excellentes, rapides à préparer, faciles à conserver et économiques ? Il paraît pourtant impossible de rivaliser. Les pâtes maison ne sont d'ailleurs pas véritablement comparables aux pâtes sèches : elles ont souvent un goût un peu particulier, une texture à la fois plus tendre et plus granuleuse, de belles couleurs mais un choix de formes plus limité. Elles ont aussi l'irrégularité (faut-il l'appeler le charme ?) des plats faits maison, le plus souvent chaleureux et délicieux, mais parfois ratés. Qui ne se souvient pas d'une tournée désastreuse où les pâtes étaient toutes collées ? Mais rassurez-vous : avec un peu de technique, on peut largement améliorer sa régularité !

Ce qui nous invite à préparer des pâtes à la maison, c'est avant tout le plaisir de la manipulation : mêler la farine et les œufs ou l'eau, pétrir tranquillement la pâte et la sentir devenir souple sous la paume, puis prendre le temps de l'étaler et de la découper soigneusement. Ces opérations me donnent toujours le plaisir de prendre mon temps, pour un repas dont je sais qu'il sera apprécié ; le plaisir du travail bien fait, du geste juste. Celui aussi d'attirer les enfants dans la cuisine, car ils sont toujours fascinés et prêts à donner un tour de manivelle. Ces plaisirs-là n'ont pas de prix.

Est-ce que c'est le plaisir de la préparation et de l'anticipation qui suffit à donner meilleur goût aux pâtes fraîches ? À moins que ce ne soit celui de choisir ses ingrédients avec soin ou inventivité ? À ces questions très subjectives, vous ne pourrez répondre qu'en essayant !

LE TEMPS QU'IL FAUT

Le temps est l'un des ingrédients principaux des pâtes maison. En effet, il faut quelques minutes pour pétrir la pâte, environ une demi-heure pour l'étaler et la découper, et à nouveau quelques minutes pour la cuisson. À cette activité intense s'ajoute un temps de repos de la pâte, très conseillé pour obtenir des pâtes *al dente*, à la texture parfaite et d'une bonne tenue à la cuisson.

C'est un repas que vous aurez donc besoin de prévoir plus d'une heure à l'avance, même si le temps de travail réel n'est finalement pas beaucoup plus long que celui d'un autre repas cuisiné maison.

Précisons que le temps de préparation varie selon le type de pâtes et en fonction de votre équipement. Préparer des spaghettis avec une filière d'extrusion ne demande pas plus de quelques minutes. À l'inverse, le façonnage manuel de papillons ou l'élaboration d'un plat de lasagnes demande plus d'une heure d'attention.

{intro}

CHOISIR SON ÉQUIPEMENT

Signe que les pâtes fraîches passionnent toujours les cuisiniers amateurs, il existe toute une panoplie d'appareils destinés à faciliter leur préparation. Cependant, l'objectif de ce livre n'est pas de vous inciter à une dépense importante, qu'aucune considération économique – et encore moins écologique – ne viendra justifier. J'aimerais plutôt montrer que vous pouvez vous amuser et faire de bonnes pâtes quel que soit votre équipement, du plus sobre au plus sophistiqué.

LES INDISPENSABLES

Il y a néanmoins quelques ustensiles indispensables que vous retrouverez tout au long de ce livre. Ils ont l'avantage d'être des classiques des placards de cuisine :

- un grand bol pour préparer la pâte sans éparpiller la farine ;
- une planche à découper et un couteau bien aiguisé ;
- un rouleau à pâtisserie.

Quant à la grande casserole et à la passoire, celles que vous utilisez pour cuire les pâtes sèches feront parfaitement l'affaire.

DE PETITS GADGETS UTILES, MAIS PAS INDISPENSABLES

Ils traînent peut-être dans vos tiroirs, si vous aimez la pâtisserie. Pensez à les sortir aussi pour fabriquer des pâtes. Ils vous simplifieront le travail. J'ai nommé la roulette à pâtisserie dentée et la roue lisse à pizza, qui permettent de couper la pâte de façon bien nette, la raclette en Inox de type raclette à chocolat, qui peut servir à regrouper les pâtes que l'on vient de découper pour libérer la planche, le moule à chausson ou les emporte-pièce pour découper de jolis raviolis...

DES APPAREILS SPÉCIFIQUES

Dans ce livre, je mentionne quelques accessoires que j'utilise très souvent pour préparer des pâtes. Aucun n'est indispensable. Voici à quoi ils peuvent servir.

■ Une marmite à pâtes

Cette grande casserole est équipée d'un panier percé de gros trous, comme une passoire, qui reste plongé dans l'eau pendant la cuisson. En fin de cuisson, il suffit de soulever le panier (avec précaution, attention !) pour récupérer les pâtes égouttées.

Avantage : on peut poursuivre immédiatement la cuisson avec une deuxième tournée de pâtes dans la même eau bouillante, ce qui est pratique quand on en prépare une grande quantité.

Inconvénient : cette grande casserole oblige à chauffer un grand volume d'eau, dont une partie n'est pas accessible aux pâtes (sous le panier).

■ Un laminoir

J'associe spontanément l'idée des pâtes maison à l'image d'une « machine à pâtes », ce petit appareil qui permet d'aplatir la pâte entre deux rouleaux métalliques. Il ne permet donc de préparer que les pâtes plates : lasagnes, tagliatelles et lanières très fines (proches des spaghettis).

Avantage : le laminoir à manivelle fonctionne sans centrale nucléaire et il est ludique. Il donne des pâtes d'une finesse parfaite et d'une découpe régulière. Difficile de s'en passer quand on en a pris l'habitude, même s'il ne fait pas gagner beaucoup de temps.

Inconvénient : la rotation des deux rouleaux est une mécanique simple mais précise. Il faut prendre bien soin de sa machine pour éviter qu'elle s'enraye.

Budget : environ 50 €.

Extracteur

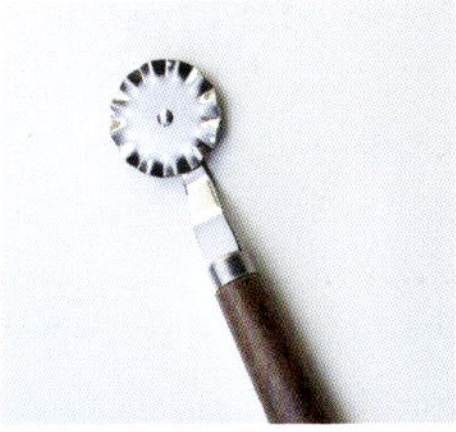

Laminoir

{intro}

CHOISIR SON ÉQUIPEMENT (SUITE)

■ Un extracteur de jus

J'ai trouvé intéressant de mentionner que l'on peut détourner de leur usage principal les extracteurs de jus, des machines qui sont déjà présentes dans certains foyers « bio ». L'extracteur permet en effet de préparer les pâtes rondes, du type spaghettis. Par son fonctionnement, il s'apparente aux filières d'extrusion professionnelles, en faisant passer la pâte en force dans une vis sans fin puis une filière à plusieurs trous. Si vous disposez d'un autre type de filière d'extrusion, veuillez vous reporter à sa notice d'utilisation pour vérifier que la fabrication des pâtes et les recettes indiquées ici lui conviennent.

Avantage : ces machines permettent de préparer des spaghettis sans efforts. Pas besoin d'étaler préalablement la pâte, ce qui fait de cette méthode la plus rapide pour préparer des pâtes.

Inconvénient : ces appareils électriques sont coûteux à l'achat, et encombrants. La fabrication de pâtes maison, même régulière, ne me semble pas justifier à elle seule un tel investissement. Attention, selon les marques, tous les extracteurs de jus ne sont pas vendus avec les douilles qui permettent de les transformer en filière à pâtes.

Budget : à partir de 300 €.

Ce que l'on ne peut pas faire à la maison

Une catégorie de pâtes cependant n'est pas réalisable à la maison, même avec des appareils domestiques. Il s'agit des pâtes tubulaires ou des pâtes creuses aux formes plus originales. Des coquillettes aux penne en passant par les fusillis, ces pâtes nécessitent autant de filières d'extrusion spécifiques. Une marque de robots culinaires les propose en accessoires optionnels. Cette possibilité restant réservée aux passionnés aisés, on considérera que seuls les professionnels, artisans ou industriels, en sont normalement équipés.

{intro}

SE LAISSER INSPIRER

PÂTES FRAÎCHES DU MONDE ENTIER

Nouilles chinoises ou pâtes d'Italie, nous les aimons toutes. Leur point commun est d'être fabriquées en mélangeant une farine avec de l'eau ou des œufs. Cette pâte n'est jamais fermentée, mais elle peut être soit découpée, soit émiettée (comme les trahanas en Grèce). Autre point commun des pâtes : elles sont toutes cuites à l'eau.
Avec une technique aussi simple, on comprend que les pâtes ont conquis bien des régions du monde, et que plusieurs aujourd'hui s'en disputent la paternité.

Une origine controversée

Les pâtes seraient originaires d'Asie, probablement de Chine, où l'on en a retrouvé des traces archéologiques datées de 4000 ans av. J.-C. On raconte même souvent que c'est Marco Polo qui en a rapporté la recette de son voyage, en 1295, à Venise.
Mais ce n'est probablement qu'une légende. En effet, il est démontré aujourd'hui que les pâtes étaient déjà consommées depuis très longtemps en Italie. Présentes il y a plusieurs milliers d'années en Mésopotamie, elles se sont répandues pendant l'Antiquité sur les rives de la Méditerranée. Les pâtes existaient chez les Étrusques, et un plat ressemblant aux lasagnes est également attesté chez les Romains des premiers siècles après Jésus-Christ.
En France, c'est Catherine de Médicis qui les aurait fait connaître à la Cour. Et elles sont aujourd'hui inscrites au patrimoine culinaire de plusieurs régions : la Savoie et Nice, bien sûr, par leur histoire et leur proximité avec l'Italie, mais aussi le Dauphiné, avec les ravioles. Quant aux pâtes d'Alsace, elles relèvent d'une tradition germanique vieille également de plusieurs siècles. En plus des nouilles aux œufs, on y trouve d'autres spécialités tels les spätzle, que l'on cuit en faisant tomber la pâte liquide dans l'eau bouillante, ou les knepfle qui ressemblent, selon les recettes, à de petites quenelles ou à des ravioles farcies.

Des céréales variées

La semoule de blé dur est l'ingrédient de choix des pâtes italiennes ou françaises, ainsi que des fameuses nouilles chinoises aux œufs que l'on retrouve dans la plupart des pays d'Asie. Mais les pâtes asiatiques utilisent bien d'autres ingrédients qui peuvent nous inspirer.
Au Japon par exemple, alors que les udon sont fabriquées à partir de semoule blanche de blé dur, les soba contiennent de la farine de sarrasin. En Corée, on trouve des pâtes à base de blé, de sarrasin, de riz, mais aussi de patate douce ou même de jus de cuisson gélifié d'algue kombu. Enfin, plusieurs pays d'Asie utilisent

{intro}

SE LAISSER INSPIRER (SUITE)

également la fécule de haricot mungo comme base des vermicelles et nouilles de soja.

Pour y mettre les formes

Les fabricants ont inventé des centaines de formes de pâtes sèches. Avec les moyens du bord, certains modèles resteront hors de notre portée : nous ne fabriquerons ni pâtes alphabet, ni roues. Mais l'éventail des pâtes fraîches classiques, d'Europe ou d'Asie, pourra nous inspirer :

- Nouilles et rubans : pappardelles, tagliatelles ou fettucine, taglionis, soba, udon...
- Pâtes longues extrudées : spaghettis, linguine, ramen...
- Petites pâtes : orecchiette, crozets, gnocchis de semoule, spätzle...
- Pâtes plates et rouleaux : lasagnes, cannellonis...
- Pâtes farcies : cappellettis, tortellinis, raviolis italiens ou chinois...

Nouilles et rubans

Pâtes longues extrudées

Petites pâtes

Pâtes plates et rouleaux

Pâtes farcies

{intro}

CHOISIR LES INGRÉDIENTS

LA SEMOULE DE BLÉ DUR

Le saviez-vous ? Les pâtes alimentaires du commerce en France ne contiennent pas de farine de froment, mais exclusivement de la semoule de blé dur. Cette exigence est inscrite dans la réglementation, tout comme en Italie et en Grèce. Du côté des pâtes fraîches maison aussi, c'est la semoule de blé dur qui apporte une tenue idéale, pour la découpe et à la cuisson.

Le blé dur se distingue du froment (le blé tendre) par son grain vitreux et une qualité de gluten qui donne moins d'élasticité à la pâte. Cette céréale est cultivée tout autour du Bassin méditerranéen, sous un climat plus chaud et sec que celui tempéré présent dans la majeure partie de la France. Les grains sont traditionnellement utilisés dans la fabrication de la semoule, du couscous et du boulgour. La semoule de blé dur est obtenue dans des semouleries, qui se distinguent des meuneries où l'on transforme le blé tendre en farine. Les grains de blé dur y sont cisaillés en petits granules, par un passage entre des cylindres cannelés. La semoule ainsi obtenue est jaune, avec une granulométrie plus élevée que celle d'une farine de froment. Attention cependant à ne pas la confondre avec le couscous, dans lequel la semoule de blé dur a été agrégée en grains plus ou moins gros : la semoule est une poudre beaucoup plus fine.

En magasins bio, vous trouverez de la semoule de blé dur complet, importée d'Italie. Elle a été obtenue à partir de grains non débarrassés de leur peau. Elle apporte plus de goût, une couleur plus foncée et une plus grande complexité nutritionnelle que la semoule blanche.

LA FARINE DE FROMENT

Le blé tendre (froment) est l'espèce de blé la plus cultivée, particulièrement en France. C'est la céréale utilisée pour le pain, et la plus courante dans nos placards.

Elle peut être utilisée dans les pâtes, mais elle n'a pas les qualités mécaniques idéales pour leur fabrication : elle a tendance à donner des pâtes moins jaunes, mais surtout plus collantes, qui se déforment à la découpe et ramollissent à la cuisson. Elle ne permet pas d'obtenir la fermeté *al dente* des pâtes à la semoule de blé dur.

En revanche, elle donne une pâte plus souple, plus facile à étirer et étaler. Elle est donc d'une aide précieuse lorsqu'on travaille au rouleau à pâtisserie. Dans ce cas, je vous recommande de l'utiliser en mélange avec la semoule de blé dur.

Utiliser des farines semi-complètes et complètes

Les farines de froment sont toutes différentes, selon les variétés de blé utilisées, le type de mouture (sur meule de pierre ou

{intro}

CHOISIR LES INGRÉDIENTS (SUITE)

cylindre) et le taux d'extraction (le « type » indiqué sur l'emballage). Chacune se caractérise par la finesse de la mouture, la présence ou non de son de blé brisé ajouté après celle-ci, sa couleur et son goût.
Lorsqu'on passe d'une farine blanche à une farine semi-complète ou complète, on peut être surpris du changement : ces dernières sont plus granuleuses, absorbent plus d'eau et peuvent même diminuer la cohésion de la pâte, dans le cas de la farine complète. Les pâtes ont plus de goût et une couleur un peu plus foncée.
Si la farine que vous avez testée dans vos pâtes ne vous donne pas satisfaction, essayez-en une autre, d'une autre marque, d'un autre moulin ou d'un paysan boulanger. Se rendre compte que toutes les farines ne se valent pas est le résultat d'un apprentissage qui donne de grandes satisfactions gustatives.

D'AUTRES FARINES

Vous pouvez incorporer d'autres farines dans les pâtes : c'est vous le chef ! Vous obtiendrez autant de couleurs, de saveurs et de textures qu'il y a d'ingrédients disponibles.
Pour commencer, il faut distinguer les farines qui contiennent du gluten de celles qui n'en contiennent pas (châtaigne, maïs, pois chiche, quinoa, riz, sarrasin, soja, teff). En effet, elles ne se travailleront pas de la même façon.
Le gluten est la protéine que l'on trouve dans le blé et la plupart des céréales. C'est elle qui apporte son élasticité caractéristique à cette céréale familière. Les farines avec gluten se substituent à la farine de froment ou à la semoule de blé dur dans les recettes.

POUR DES PÂTES SANS GLUTEN

Avec les farines sans gluten, en général, je choisis de conserver une part de semoule de blé dur, combinée à la farine de mon choix, pour garder une tenue parfaite des pâtes. Les farines sans gluten, en effet, donnent une pâte qui manque de cohésion et reste friable. Celle-ci sera plus difficile ou impossible à étirer au rouleau à pâtisserie. Mais ces réserves ne signifient pas que l'on ne peut pas en faire des pâtes.
Les pâtes au sarrasin du commerce contiennent en général du blé. Pourtant, la farine de sarrasin combine bien des avantages parmi les farines sans gluten : c'est la plus courante en France, la plus facile à travailler et, selon moi, la plus satisfaisante sur le plan gustatif. Vous trouverez plus loin des recettes de pâtes au sarrasin pur, avec ou sans œufs.
La farine de quinoa mêlée à des œufs donne, quant à elle, une belle pâte très parfumée mais assez friable, à travailler au laminoir ou à la filière d'extrusion de préférence. Quant aux farines de maïs, très sablées, ou de châtaigne, il est plus

difficile d'après mon expérience d'en faire une pâte qui se tienne quand on veut éviter l'usage du blé. L'ajout d'une fécule est requis. Je vous propose enfin une recette à la farine de riz.

LE SEL

Il n'est pas indispensable de saler la pâte. On peut aussi choisir de saler l'eau de cuisson, ou considérer que l'apport en sel de la sauce ou de l'accompagnement sera suffisant. Je choisis pourtant d'ajouter une pincée de sel à la plupart de mes recettes. Cela m'a semblé plus facile à doser que d'incorporer du gros sel dans l'eau de cuisson. Si vous me suivez dans cette option, utilisez du sel très fin et mélangez-le soigneusement avec la farine avant d'ajouter les œufs ou l'eau.

LES ŒUFS

L'œuf rend la pâte élastique, souple et résistante. Comme la semoule de blé dur, les œufs facilitent la découpe des pâtes et favorisent leur tenue à la cuisson. Ils sont donc recommandés pour la confection des pâtes farcies, qui ne doivent pas se déchirer. Ils sont utiles aussi en combinaison avec les farines sans gluten, ou pour un façonnage des pâtes à la main ou au rouleau.

Par ailleurs, les œufs augmentent la valeur nutritionnelle des pâtes. Et surtout, ils leur apportent une saveur plus riche : le bon goût que nous associons aux pâtes fraîches, en comparaison avec les pâtes sèches, est largement dû aux œufs.

Pour autant, comme tous les produits animaux, les œufs posent des questions

CHOISIR LES INGRÉDIENTS (SUITE)

éthiques au sujet des conditions d'élevage des poules et du sort des poussins mâles. Ils sont aussi source d'allergies pour certains, plus particulièrement chez les enfants, grands amateurs de pâtes. Je le précise donc ici : ils ne sont absolument pas indispensables à la préparation de pâtes maison délicieuses.

Les œufs bio, qu'est-ce que ça change ?

L'agriculture biologique, en s'interdisant l'usage des pesticides (herbicides, insecticides, fongicides) et des engrais chimiques, réduit la pollution des sols et de notre environnement, et réduit les effets des activités agricoles sur la biodiversité. En ce qui concerne les produits animaux, les cahiers des charges de l'élevage bio garantissent aussi :

- Des conditions d'élevage plus acceptables pour les animaux que l'élevage en batteries : espace au sol dans les bâtiments, parcours extérieur obligatoire, limitation des traitements allopathiques (antibiotiques) et priorité à la prévention des maladies.
- Un « lien au sol » : les animaux doivent être nourris d'aliments bio, majoritairement produits sur les terres de l'exploitation agricole. Le cahier des charges bio exclut le recours au maïs et au soja OGM. C'est une des différences majeures entre agriculture biologique et filières d'élevage conventionnelles, ces dernières important massivement ces denrées, au détriment des cultures vivrières et au risque d'encourager la déforestation des pays exportateurs.

Ne vous fiez pas aux œufs « fermiers » vendus sur les marchés ou par de petits commerçants. Cette mention ne suffit pas à indiquer un élevage en plein air. Les œufs bio sont faciles à identifier : ils sont marqués « bio » sur la coquille ou comportent un code qui commence par 0.

{intro}

RÉUSSIR SES PREMIÈRES PÂTES FRAÎCHES

VOUS AVEZ CHOISI VOS INGRÉDIENTS ?

La préparation de la pâte est facile et rapide.

D'ailleurs c'est l'intuition, couplée à un peu d'expérience, qui permet de trouver le juste dosage. En effet, chaque farine absorbe plus ou moins de liquide, selon la nature de la céréale et selon qu'elle est blanche ou complète. De plus, les œufs ont des tailles très variables. En partant des recettes de base, n'hésitez pas à ajouter une goutte d'eau ou une poignée de farine, pour obtenir exactement la texture recherchée : celle d'une pâte ferme mais souple, qui ne doit surtout pas coller.

Pour y arriver, il vous faudra malaxer la pâte. On ne devrait pas parler de pétrissage, car il ne s'agit pas de développer la pâte, mais seulement d'hydrater la semoule ou la farine. Enfin, après cinq à dix minutes d'efforts et de manipulation, vous sentirez la pâte se réchauffer à la température de vos mains et enfin s'assouplir.

QUELLES QUANTITÉS FAUT-IL PRÉPARER ?

Environ 120 grammes de pâtes fraîches par personne : c'est la quantité que j'ai retenue en général pour les recettes de ce livre, qui sont toutes proportionnées pour quatre personnes. Elle est réduite à 60 grammes environ dans les plats où il y a moins de pâtes, mais plus de sauce : lasagnes et cannellonis.

C'est une portion généreuse, à comparer par exemple avec les 80 grammes par personne qui sont d'usage en Italie, où les pâtes sont servies en entrée, avant le second plat, composé de viande ou de poisson. Les quantités que j'ai indiquées partent donc du principe qu'en France, les pâtes sont le plus souvent considérées comme un plat principal, et qu'elles sont ici préparées sans viande. Si vous souhaitez ajouter de la viande ou du poisson à ces recettes, pensez à en réduire les proportions en conséquence.

POURQUOI FAUT-IL LAISSER REPOSER LA PÂTE ?

Chut, la pâte repose... Il faut du temps pour que l'humidité de l'eau ou des œufs soit parfaitement absorbée par les particules de la farine, et que la cohésion devienne parfaite. Dans le même temps, la pâte se détend. Cela signifie qu'après avoir été rendue souple et élastique par le malaxage, elle perd un peu de son élasticité. Elle pourra donc être étalée, découpée ou façonnée sans se rétracter.

1re PARTIE

PÂTES DE BASE

FAIT **BIO**

FAIT **MAISON**

1 PRÉPARER DES PÂTES AUX ŒUFS

Les pâtes aux œufs idéales associent la farine de froment, la semoule de blé dur et des œufs : on obtient une pâte ni trop difficile à travailler ni trop collante. Cette pâte s'étale à la main ou à la machine et se prête à tous les usages.

ÉTAPE PAR ÉTAPE :

■ 1. Dans un grand saladier (ou directement sur le plan de travail), mélanger 150 g de farine de froment semi-complet, 150 g de semoule de blé dur complet et 1 c. à c. de sel très fin. Creuser un puits.

■ 2. Y casser 3 œufs (à température ambiante) et les battre. Mêler progressivement les œufs à la farine, jusqu'à obtenir une boule de pâte homogène, non collante.

■ 3. La malaxer dix minutes environ.

■ 4. La couvrir d'un linge et laisser reposer à température ambiante au moins une demi-heure avant de l'étaler.

2

PRÉPARER UNE PÂTE 100 % SEMOULE DE BLÉ DUR

Si vous préférez les pâtes sans œufs, choisissez une recette sans farine, exclusivement à base de semoule de blé dur. Il faudra la malaxer un peu plus longtemps pour l'assouplir avant de l'étaler. Vous obtiendrez des pâtes *al dente,* de très bonne tenue, et écarterez le risque de les voir coller à la cuisson.

ÉTAPE PAR ÉTAPE :

■ 1. Dans un grand saladier (ou directement sur le plan de travail), mélanger 400 g de semoule de blé dur complet avec 1 c. à c. de sel très fin. Creuser un puits.

■ 2. Y ajouter environ 160 ml d'eau, progressivement, jusqu'à obtenir une boule de pâte homogène.

■ 3. La malaxer quinze minutes environ. Avec de la semoule de blé dur, c'est un peu plus physique qu'avec de la farine : au moment où l'on mélange la semoule et le liquide, la pâte est d'abord dure. Elle semble impossible à étaler ou à travailler. Une fois que toute la semoule est agglomérée, sortir le pâton du saladier et le poser sur le plan de travail fleuré à la semoule de blé dur. Si la pâte colle encore un peu, ne pas hésiter à la saupoudrer d'un peu de semoule. Avec la paume de la main, écraser la pâte sur la table. La replier sur elle-même, tourner le pâton d'un quart de tour, puis l'écraser à nouveau. En répétant ce geste, on pourra peu à peu travailler plus facilement.

■ 4. Couvrir la pâte d'un linge et laisser reposer à température ambiante au moins une demi-heure avant de l'étaler.

3

PRÉPARER DES PÂTES DE RIZ SANS GLUTEN

En Asie, les pâtes sont fréquemment préparées à la farine de riz gluant. À ma connaissance, on ne trouve pas cette variété dans les magasins bio français. À défaut, j'utilise de la farine de riz complet et de la crème de riz, préparées avec du riz italien. Nous ne reproduirons donc pas les raviolis farcis chinois, mais préparerons des petites nouilles de riz, très faciles à accompagner d'une sauce tomate ou de petits légumes sautés.

ÉTAPE PAR ÉTAPE :

■ 1. Porter 300 ml d'eau à ébullition.

■ 2. Mélanger 150 g de farine de riz complet, 150 g de crème de riz complet et une pincée de sel. Verser une partie de l'eau et mélanger. Si nécessaire, ajouter progressivement de l'eau, jusqu'à obtention d'une boule de pâte homogène. La laisser reposer sous un linge.

■ 3. Façonner les pâtes en les roulant entre le pouce et l'index, en miniboudins, les plus fins et réguliers possible. Les déposer en attente sur un linge.

■ 4. Les cuire dans l'eau bouillante pendant une minute. Après égouttage, les rincer sous un filet d'eau chaude pour éviter qu'elles collent dans l'assiette.

LE PETIT TRUC :

Pour préparer des nouilles de riz, il faut incorporer de l'eau bouillante. Sous son effet, la pâte devient immédiatement plus lisse et plus facile à étirer. Néanmoins, le travail au rouleau reste très délicat.
Mieux vaut prendre le parti de préparer ces nouilles à la main. Si vous êtes équipé, vous pourrez également passer cette pâte dans une filière d'extrusion (de type extracteur de jus) ou à la machine à pâtes, jusqu'au cran 4 ou 5, pour des lasagnes par exemple.

4

PRÉPARER DES PÂTES DE MAÏS SANS GLUTEN

Les pâtes sans gluten du commerce sont souvent à base de maïs. Dommage qu'elles soient rarement bio – même dans les magasins spécialisés –, et toujours très chères. Voici une base de pâtes de maïs, que vous pourrez étaler au laminoir, à condition de ne pas chercher à dépasser le cran 2. À la découpe, elle se brise en pâtes courtes. Si vous êtes équipé d'un extracteur de jus, vous pourrez aussi la transformer en spaghettis. Vous obtiendrez des pâtes *al dente*, d'une belle couleur jaune. Leur goût discret s'accommode à toutes les sauces.

ÉTAPE PAR ÉTAPE :

■ 1. Mélanger 200 g de fécule de maïs, 100 g de farine de maïs et 1 c. à c. de sel en écrasant les grumeaux du bout des doigts.

■ 2. Creuser un puits et y battre 3 œufs.

■ 3. Ajouter un petit peu d'eau, environ 75 ml, pour mélanger la pâte.

LE PETIT TRUC :

Pour éliminer tous les grumeaux, vous aurez sans doute besoin d'ajouter de l'eau jusqu'à obtenir une pâte molle. Saupoudrez d'encore un peu de farine de maïs, que vous incorporerez en malaxant quelques minutes, de façon à obtenir une boule de pâte souple mais presque sèche au toucher.

5

PRÉPARER DES PÂTES ROSES OU ORANGE

Une pâte aux betteraves, violette quand elle est crue, adopte un rose pastel très appétissant à la cuisson. Dans cette version, le goût de la betterave reste presque imperceptible. Vous trouverez plus loin une recette de raviolis rose vif réalisés avec une betterave cuite entière, où l'on joue au contraire sur la saveur terreuse du légume. Pour rester dans les tons chauds, sachez qu'une touche de purée de piment d'Espelette par exemple (une cuillerée à café par œuf) réchauffe les pâtes et leur donne un orangé léger.

PÂTES ROSES :

Éplucher une betterave crue et en prélever un morceau de la taille d'une clémentine (environ 35 g).
Le mixer avec 1 œuf, jusqu'à obtenir une purée homogène.
Mélanger 100 g semoule de blé dur, 100 g de farine de froment semi-complet et une pincée de sel. Creuser un puits et y verser le mélange à la betterave.
Malaxer la pâte quelques minutes puis la laisser reposer une heure sous un linge.

PÂTES ORANGE :

À l'avance, faire griller 2 poivrons rouges au four, en les enfournant pour vingt minutes à 180 °C. À la sortie du four, les laisser refroidir dans un récipient fermé. Les éplucher. Les épépiner.
Mixer les poivrons avec 2 œufs.
Verser ce mélange sur 300 g de semoule de blé dur complet et une pincée de sel.
Malaxer cinq minutes, en ajoutant une goutte d'eau si nécessaire. Laisser reposer une heure sous un linge.

BON À SAVOIR :

Que ce soit le rose de la betterave ou l'orange du poivron, ces belles couleurs ont tendance à pâlir pendant la cuisson, ce qui peut être décevant. L'adjonction d'une pincée de bicarbonate de soude à l'eau de cuisson permet de mieux conserver sa couleur à la pâte.

6

PRÉPARER DES PÂTES AUX ÉPINARDS

Ces pâtes d'un vert chiné ont le bon goût des épinards frais. Une ruse pour faire apprécier les épinards aux enfants sceptiques ? Au-delà de la couleur, on peut apporter une note aromatique à la pâte. À vous de jouer : ajoutez une cuillerée de l'épice de votre choix à la farine, avant de la mélanger avec le liquide.
Pensez à utiliser une épice ou un aromate très finement moulus : poudre de cumin, d'ail, curry... Une mouture plus grossière risquerait de gêner la cohésion de la pâte.

ÉTAPE PAR ÉTAPE :

■ 1. Cuire 150 g d'épinards dans l'eau pendant cinq minutes, puis les égoutter et les presser soigneusement.

■ 2. Mixer ensemble les épinards et 2 œufs.

■ 3. Mélanger 150 g de semoule de blé dur complet, 150 g de farine de froment semi-complet et 1 c. à c. de sel. Creuser un puits et y verser le mélange à l'épinard.

■ 4. Malaxer la pâte quelques minutes puis la laisser reposer une heure sous un linge.

LE PETIT TRUC :

Pour des pâtes vert chiné, mixer les épinards avec les œufs pendant quelques instants. Pour des pâtes lisses d'un vert parfaitement uni, poursuivre le mixage quelques minutes.

7

FAÇONNER DES PETITES PÂTES À POTAGE

Faites de la place : c'est le moment d'étaler la pâte, le plus finement possible, puis de la découper. Un grand plan de travail, quelques plateaux ou torchons pour étaler les pâtes et un bol contenant une poignée de semoule de blé dur à saupoudrer vous rendront la tâche plus facile.
Orecchiette, gnocchis, petites pâtes rondes ou aplaties en petits boudins : ces formes de pâtes conviennent aux cuisiniers les plus sobrement équipés, ainsi qu'à la texture friable des pâtes sans gluten. Une activité répétitive et apaisante, qui pourra mettre en valeur les aptitudes de chacun à la pâte à modeler.

ÉTAPE PAR ÉTAPE :

■ 1. Diviser la pâte en plusieurs parts.

■ 2. Rouler chaque part pour former un long boudin de 5 millimètres de diamètre environ.

■ 3. Au couteau, couper le boudin en rondelles régulières, d'une épaisseur inférieure à 1 millimètre.

■ 4. Faire sécher les rondelles, à plat sur un linge. Ces petits ronds égayeront vos potages.

8

FAÇONNER DES ORECCHIETTE

Ces « petites oreilles » sont à peine plus sophistiquées que les petits ronds précédents. La technique, traditionnelle pour les pâtes maison en Italie du Sud, est adaptée aux pâtes à la semoule de blé dur. Pour obtenir un résultat régulier, elle demande un petit coup de main dont l'acquisition fera votre fierté.

ÉTAPE PAR ÉTAPE :

■ 1. Diviser la pâte en plusieurs parts.

■ 2. Rouler chaque part pour former un long boudin de 5 millimètres de diamètre environ.

■ 3. Placer le boudin perpendiculairement à soi, sur une grande planche.

■ 4. Positionner un couteau d'office bien aiguisé perpendiculairement au boudin, en tenant sa lame des deux mains, une de chaque côté du boudin.

■ 5. Couper une lamelle de pâte et l'étirer vers soi en couchant la lame du couteau sur la pâte et en exerçant une légère pression. Une petite coquille repliée se forme.

■ 6. Avec le pouce, ouvrir un peu la coquille. L'écarter pour continuer avec le reste du boudin.

■ 7. Saupoudrer les orecchiette d'un peu de semoule de blé dur pour les laisser sécher sans qu'elles collent.

9

DÉCOUPER DES LASAGNES

Un plat de lasagnes nécessite moins de pâte que les proportions prévues pour quatre personnes dans les recettes de base. Ici, une quantité de pâte préparée avec 200 g de farine et deux œufs suffira.

ÉTAPE PAR ÉTAPE :

■ 1. Diviser la boule de pâte en quatre parts.

■ 2. Fariner le plan de travail, de préférence avec de la semoule de blé dur. Étaler un quart de la pâte en un rectangle mince, en le retournant à chaque tour pour le fariner.

■ 3. Couper le rectangle en deux et continuer de l'étaler jusqu'à obtenir la pâte le plus fine possible.

■ 4. Réserver ce rectangle sur un linge propre et poursuivre avec le reste de pâte.

10

DÉCOUPER DES RUBANS

Pour des rubans, on préparera la pâte dans les proportions habituelles, avec un zeste d'application et un bon couteau.

ÉTAPE PAR ÉTAPE :

■ 1. À partir de grands rectangles obtenus comme les plaques à lasagnes, découper plusieurs bandes dans la longueur. Les saupoudrer légèrement de semoule de blé dur.

■ 2. Les superposer sur une planche à découper.

■ 3. Au couteau de chef, les couper dans l'autre sens, en lanières régulières.

■ 4. Séparer les pâtes et les fariner légèrement, avant de les laisser sécher.

11

FAÇONNER DES PAPILLONS

Aimez-vous les farfalles, ces pâtes en forme de nœud papillon ? Elles peuvent se préparer entièrement à la main, pour peu que l'on soit patient.

ÉTAPE PAR ÉTAPE :

■ 1. Diviser la pâte en huit ou dix parts.

■ 2. Étaler une part au rouleau. Poursuivre jusqu'à obtenir une abaisse rectangulaire, la plus fine possible, en la saupoudrant régulièrement de semoule de blé dur pour éviter qu'elle colle au rouleau. Procéder de la même façon pour les autres parts de pâte.

Si vous disposez d'un laminoir, vous pouvez aussi l'utiliser pour étaler la pâte finement.

■ 3. Avec une roulette dentée, diviser les abaisses de pâte en longues bandes de 3 centimètres de large.

■ 4. Couper les bandes perpendiculairement, avec un couteau, en rectangles de 2 centimètres de large.

■ 5. Entre le pouce et l'index, plisser la pâte dans le milieu de la longueur. Pincer fortement le papillon entre les doigts pour faire coller la pâte.

■ 6. Saupoudrer les papillons de semoule de blé dur et les disposer sur un linge ou un plateau. Les laisser sécher au moins un quart d'heure avant de les cuire.

12

FABRIQUER DES PÂTES AVEC UNE MACHINE À PÂTES

LAMINOIR

À quoi sert une machine à pâtes ? C'est un laminoir qui aplatit progressivement la pâte entre deux rouleaux, jusqu'à la transformer en plaques rectangulaires très fines. Un accessoire permet ensuite de découper ces rectangles en rubans plus ou moins étroits. La machine à pâtes ne vous soustraira pas à un travail répétitif : chaque morceau de pâte doit être passé plusieurs fois entre les rouleaux pour l'amincir progressivement. Le gain de temps n'est pas flagrant. En revanche, la machine rend ces manipulations beaucoup moins laborieuses qu'au rouleau à pâtisserie, puisqu'il n'y a plus d'efforts physiques à fournir.
Par ailleurs, l'étape de la découpe des pâtes est beaucoup plus rapide à la machine qu'au couteau. Les pâtes obtenues sont fines et parfaitement régulières.

LASAGNES, TAGLIATELLES OU SPAGHETTIS :

■ 1. Diviser la pâte en une dizaine de parts. Étaler rapidement chacune au rouleau, pour obtenir une épaisseur de 5 millimètres environ.

■ 2. Fixer la machine au bord du plan de travail, en laissant de la place de chaque côté.

■ 3. Placer le bouton de réglage du laminoir sur le premier cran. Faire passer une part de pâte entre les rouleaux, en tournant la manivelle. Si la pâte semble difficile à travailler, on peut la replier sur elle-même ou seulement rabattre les bords irréguliers, la fariner et la repasser plusieurs fois.

■ 4. Déposer la part à plat sur des torchons. La fariner légèrement avec de la semoule de blé dur. Recommencer avec les autres parts.

■ 5. Tourner le bouton de réglage sur le cran 2. Faire passer tous les morceaux de pâte entre les rouleaux, comme à l'étape précédente.

■ 6. Poursuivre en réduisant progressivement l'épaisseur de la pâte, en tournant le bouton de réglage jusqu'au cran 6 pour des lasagnes, jusqu'au cran 8 au moins pour des tagliatelles ou des spaghettis. »»

■ 7. Installer la manivelle sur les rouleaux de découpe de la pâte. Couper les bandes de pâte à la longueur souhaitée. Passer chacune entre les rouleaux. Fariner les pâtes découpées avec un peu de semoule de blé dur et les laisser sécher sur un torchon.

LES PETITS TRUCS :

■ Si vous le pouvez, faites-vous aider. Une deuxième paire de mains autour de la machine facilite les manipulations au début : une personne introduit la pâte dans le laminoir et la récupère à la sortie de la machine pour l'étaler sur un linge. L'autre tourne la manivelle (ce qui plaît à mes enfants).

■ Avec une pâte bien élastique (à base d'œufs ou de semoule de blé dur), on peut réduire le nombre de passages dans la machine en passant les crans de réglage de deux en deux (par exemple : cran 1, cran 2, puis 4, 6 et 8).

■ Avec une pâte plus friable (sans gluten par exemple), mieux vaut procéder avec précaution d'un cran à l'autre, en s'arrêtant dès que la pâte semble prête à se déchirer ou à s'émietter.

■ La machine se nettoie à sec (sans eau ni détergent), avec un chiffon doux.

■ D'un fabricant à l'autre, l'espace entre les rouleaux diffère. Les numéros de cran mentionnés ici sont donc indicatifs. Vous les adapterez en fonction de votre machine et de vos goûts.

13 FABRIQUER DES PÂTES AVEC UNE FILIÈRE

EXTRACTEUR DE JUS

Vous êtes équipé d'un extracteur de jus ? Cet appareil muni d'une vis sans fin, qui broie les aliments pour les transformer en purée ou en jus, est ici détourné de son usage principal. Une fois équipé de l'embout à purée et d'une douille, il ressemble comme deux gouttes d'eau aux filières d'extrusion des fabricants de pâtes professionnels. Vous pourrez ainsi transformer très vite une boule de pâte en spaghettis ou en linguine, selon la perforation de l'accessoire choisi.

SPAGHETTIS :

■ 1. Équiper l'extracteur de jus de son embout à purée et d'une douille perforée de quelques trous ronds et fins (ou rectangulaires et fins pour des linguine).

■ 2. Diviser la pâte en parts de la taille d'une noix. La saupoudrer légèrement de semoule de blé dur si elle paraît collante.

■ 3. Introduire la pâte dans la goulotte de l'appareil et la faire progresser jusqu'à la vis.

■ 4. Couper les spaghettis à la longueur souhaitée et les déposer sur un linge. Les saupoudrer d'un peu de semoule de blé dur (ou de la farine de son choix) et laisser sécher quelque temps avant la cuisson.

LE PETIT TRUC :

À leur passage dans la filière, les pâtes chauffent, ce qui les rend particulièrement collantes. Il faut donc les manipuler délicatement pour les déposer sur le linge sans qu'elles se chevauchent ni se touchent.

14 FARCIR DES CANNELLONIS

ROULEAU À PÂTISSERIE OU LAMINOIR

Les cannellonis figurent parmi les pâtes fraîches les plus rapides et les plus simples à préparer, à condition de prévoir une pâte assez ferme, de préférence à la semoule de blé dur.

ÉTAPE PAR ÉTAPE :

■ 1. Comme pour les lasagnes, préparer seulement 200 g de pâte, de préférence à la semoule de blé dur. L'étaler en abaisses de 10 centimètres de large environ (ou d'une largeur adaptée au plat).

■ 2. Couper les abaisses en rectangles réguliers d'environ 12 centimètres de long.

■ 3. Huiler le fond d'un plat à four, ou le garnir d'une fine couche de crème ou de sauce liquide.

■ 4. Disposer deux cuillerées de farce dans la largeur, à une extrémité d'un rectangle de pâte.

■ 5. Rouler la pâte par-dessus la farce. Déposer le rouleau sur le plat et poursuivre avec les autres rectangles.

15

DEMI-LUNES, AVEC UN MOULE À CHAUSSON

MOULE À CHAUSSON

Si vous aimez les chaussons et raviolis, vous pouvez vous équiper de moules à chaussons en plastique. Ce gadget rudimentaire rend la confection des chaussons plus facile et ludique.
La confection des raviolis et autres petits chaussons demande une délicatesse et une patience pleines d'attention, pour un résultat qui prend un air festif, voire sophistiqué. Ne vous lancez dans l'aventure qu'avec une pâte qui ne se déchirera pas, préparée à la semoule de blé dur et aux œufs.

ÉTAPE PAR ÉTAPE :

■ 1. Étaler la pâte.

■ 2. Ouvrir le moule à chausson et utiliser le bord tranchant de l'envers du moule pour découper des ronds de pâte.

■ 3. Les fariner avec de la semoule de blé dur et les réserver sur un linge.

■ 4. Réunir les chutes en boule et étaler la pâte obtenue pour la découper. Poursuivre jusqu'à épuisement de la pâte.

■ 5. Poser un rond de pâte dans le moule à chausson ouvert. Déposer une cuillerée à café de farce en son centre.

■ 6. Replier le moule et presser fortement pour former le chausson. Poursuivre avec le reste de pâte.

16

FARCIR DES PETITS TRIANGLES

Ces formes sont à la fois esthétiques et assez rapides à préparer, parce qu'elles génèrent peu de chutes.

ÉTAPE PAR ÉTAPE :

■ 1. Couper la pâte étalée en carrés.

■ 2. Déposer un tout petit peu de farce au centre de chaque carré.

■ 3. En réunissant deux angles opposés, refermer le chausson en forme de triangle.

■ 4. Chasser l'air autour de la farce et souder les bords en les marquant avec les dents d'une fourchette.

17

RAVIOLIS, AVEC DEUX ABAISSES ET UNE ROULETTE À PÂTISSERIE

LAMINOIR

Cette méthode exige des abaisses d'épaisseur et de dimensions semblables. Elle vous conviendra si vous êtes équipé d'un laminoir.

ÉTAPE PAR ÉTAPE :

■ 1. Préparer environ 500 g de pâte, de préférence aux œufs.

■ 2. Diviser la pâte en un nombre pair de parts de même taille. Les étaler en abaisses rectangulaires de mêmes dimensions, sur un plan de travail fleuré à la semoule de blé dur.

■ 3. Déposer une demi-cuillerée à café de farce à distance régulière sur la première abaisse.

■ 4. Avec un pinceau, humecter légèrement la pâte autour de la farce pour faciliter l'adhésion.

■ 5. Déposer une deuxième abaisse et presser délicatement autour de la farce en chassant l'air.

■ 6. Avec une roulette à pâtisserie dentée, couper les raviolis en carrés réguliers. Renouveler l'opération avec les autres abaisses.

18

RAVIOLIS, AVEC UN EMPORTE-PIÈCE

Cette méthode simple permet de réaliser des raviolis avec peu de matériel. C'est la plus pratique si l'on étale la pâte à la main, mais elle est un peu plus longue car il faut étaler plusieurs fois les chutes de pâte.

ÉTAPE PAR ÉTAPE :

■ 1. Couper la pâte étalée, à l'emporte-pièce ou avec un verre retourné.

■ 2. Fariner chaque pièce de pâte avec de la semoule de blé dur et réserver sur un linge.

■ 3. Réunir les chutes en boule et étaler la pâte obtenue pour la découper. Poursuivre jusqu'à épuisement de la pâte.

■ 4. Garnir la moitié des pièces de pâte avec une demi-cuillerée à café de farce.

■ 5. Avec un pinceau, humecter légèrement la pâte autour de la farce pour faciliter l'adhésion.

■ 6. Fermer les raviolis avec une deuxième pièce de pâte.

■ 7. Presser délicatement les bords avec une fourchette pour former un motif décoratif.

19

FARCIR DES CAPPELLETTIS ET DES TORTELLINIS

Les premiers sont souvent trop farcis et se déchirent. Mais une fois le coup de main trouvé, on se prendrait presque pour un artiste.

ÉTAPE PAR ÉTAPE :

■ 1. Découper la pâte étalée en carrés réguliers.

■ 2. Déposer une toute petite quantité de farce au centre des carrés et humecter légèrement les bords de la pâte.

■ 3. Fermer les carrés en triangles, en réunissant deux angles opposés. Chasser l'air autour de la farce et souder les bords en appuyant.

■ 4. Décoller les pâtes farcies du plan de travail. Réunir les deux autres pointes des triangles autour de l'index (ou de l'auriculaire, selon la taille des pâtes). Les presser entre le pouce et l'index pour les faire coller. On obtient des cappellettis (ce qui signifie « petits chapeaux »).

BON À SAVOIR :

Avec des demi-lunes pas trop remplies, on peut procéder de la même manière : enrouler la demi-lune autour de l'index et pincer les bords pour fermer. On obtient des tortellinis (ce qui veut dire « petites tartes »). Une autre façon de faire consiste à replier la pointe du triangle vers l'extérieur, avant d'enrouler le triangle ou la demi-lune autour de l'index.

20

SÉCHER ET CONSERVER LES PÂTES FRAÎCHES

À la sortie de la machine (laminoir ou filière d'extrusion), les pâtes sont molles et risquent de coller entre elles si elles entrent en contact les unes avec les autres. Elles sont délicates à manipuler. Traditionnellement, on prend soin de les laisser sécher une heure sans les toucher, avant de procéder à la cuisson. Le plus souvent cependant, je me contente de les saupoudrer de semoule de blé dur, ce qui les assèche en surface, et de les laisser sécher seulement le temps de faire chauffer l'eau de cuisson. Cela me permet de les jeter dans la casserole sans qu'elles s'agglutinent et sans rallonger le temps de préparation des pâtes maison.
Attention à ne pas utiliser de farine de froment pour fariner les pâtes découpées. Elle formerait une colle d'amidon à la cuisson, qui se déposerait sur les pâtes et les agglomérerait dans la passoire, ce que nous cherchons précisément à éviter. Sans prétendre réaliser une déshydratation comparable à celle des pâtes sèches fabriquées en usine, le séchage est cependant un moyen de conserver les pâtes découpées pendant quelques jours, à condition de prendre certaines précautions.

FAIRE SÉCHER LES PÂTES À TEMPÉRATURE AMBIANTE

À la maison, par précaution sanitaire, un séchage long ne me paraît raisonnable qu'avec les pâtes ne contenant ni œufs ni légumes cuits. Il n'est pas possible non plus avec les pâtes sans gluten, car elles ont tendance à se désagréger au séchage. Sous cette réserve, on pourra étaler les pâtes sur un linge pour les laisser sécher et les conserver ainsi quelques jours à température ambiante, en les protégeant de la poussière et de la lumière.

CONSERVER LES PÂTES AU RÉFRIGÉRATEUR

Il est possible de conserver un pâton en boule vingt-quatre à quarante-huit heures, dans un récipient fermé, au réfrigérateur. On peut aussi y stocker les pâtes déjà découpées et légèrement farinées, sans les faire sécher. Soyez particulièrement prudent avec les pâtes aux œufs, dont la conservation avant cuisson devra être limitée à quelques heures, de façon à limiter les risques de contamination par des salmonelles.

CONSERVER LES PÂTES CUITES

La conservation de pâtes cuites n'est pas souhaitable, car elles risquent de coller une fois refroidies. Cependant, il est toujours possible de garder un reste un jour ou deux au réfrigérateur, et de le réchauffer un instant dans l'eau bouillante avant de le servir.

21

CUIRE LES PÂTES FRAÎCHES À L'EAU BOUILLANTE

Le moment crucial, pour éviter que tous vos efforts n'aboutissent à une masse collante, est arrivé ! C'est bien connu : il faut cuire les pâtes fraîches dans un grand volume d'eau bouillante. Mais porter un grand volume d'eau à ébullition se révèle bien long, en regard de la cuisson ultrarapide des pâtes fraîches.

ÉTAPE PAR ÉTAPE :

■ 1. Porter 3 litres d'eau à ébullition dans une grande marmite, en couvrant pour accélérer le chauffage.

■ 2. Lorsque l'eau bout, ôter le couvercle. Saisir un tiers des pâtes préparées et les secouer au-dessus du torchon pour éliminer le surplus de semoule ou de farine. Les jeter dans l'eau. Si possible, augmenter le feu pour rétablir l'ébullition le plus rapidement possible.

■ 3. Cuire les pâtes une à trois minutes selon leur épaisseur. Les goûter pour vérifier la cuisson.

■ 4. Baisser le feu. Soulever immédiatement le panier à pâtes, ou pêcher rapidement les pâtes à l'écumoire. Les verser dans une passoire à gros trous posée sur une assiette.

■ 5. Couvrir la passoire d'un couvercle, pour garder les pâtes au chaud pendant les quelques minutes nécessaires à la cuisson, en deux fois, des pâtes restantes.

■ 6. Servir immédiatement.

LE PETIT TRUC :

Une autre façon de procéder, un peu plus « professionnelle », consiste à faire chauffer plusieurs marmites d'eau simultanément. Vous pourrez ainsi cuire toutes les pâtes en même temps et vous assurer que tout le monde est servi avec une assiette parfaitement chaude. Pour cela, il faut être équipé d'une cuisinière avec plusieurs feux, suffisamment puissants pour rétablir l'ébullition immédiatement lorsque vous plongez les pâtes dans l'eau.

22 CUIRE LES PÂTES FRAÎCHES AU FOUR

Les lasagnes et les cannellonis sont généralement cuits au four. Avec des pâtes fraîches, une précuisson à l'eau des plaques de pâte n'est pas nécessaire. En revanche, il faut penser à assurer une humidité suffisante au plat pour que les pâtes cuisent correctement. C'est la sauce qui a cette fonction. Elle doit donc être apportée en quantité adéquate.

ÉTAPE PAR ÉTAPE :

■ 1. Huiler le plat de cuisson.

■ 2. Monter les lasagnes ou les cannellonis dans le plat.

■ 3. Les couvrir d'une couche de sauce, éventuellement saupoudrée de fromage, de chapelure ou de levure alimentaire.

■ 4. Enfourner pour vingt minutes environ, à 180 °C, jusqu'à ce que la surface soit dorée.

LE PETIT TRUC :

Pour les lasagnes, je recherche généralement un résultat fondant. Je verse un verre d'eau sur le plat, une fois le montage des lasagnes terminé. Il imbibe le plat et complète l'humidité apportée par la sauce.

Pour les cannellonis en revanche, j'apprécie que les pâtes soient par endroit dorées et croquantes. Je les arrose donc généreusement de sauce, mais je ne cherche pas forcément à les recouvrir complètement et n'ajoute pas d'eau avant d'enfourner.

23

MÉMO POUR DES PÂTES QUI NE COLLENT PAS

■ Utiliser de la semoule de blé dur dans la recette de la pâte.

■ Malaxer la pâte au moins cinq minutes, puis la laisser reposer une demi-heure sous un linge avant de l'étaler.

■ Pour étaler la pâte, fariner le plan de travail puis les pâtes découpées avec de la semoule de blé dur. Si nécessaire, on peut utiliser une farine sans gluten. Dans tous les cas, on évitera la farine de froment.

■ Laisser sécher les pâtes découpées au moins un quart d'heure avant la cuisson.

■ Cuire les pâtes en petites quantités, adaptées au volume d'eau bouillante.

■ Égoutter les pâtes puis les réserver en petites quantités, dans une passoire ou dans la casserole contenant la sauce. Si l'on prépare une grande quantité de pâtes, les verser égouttées dans les assiettes de service chaudes, pour éviter qu'elles se tassent dans la passoire.

■ Si les pâtes égouttées sont couvertes de mousse blanche (due à l'amidon de la farine), les rincer sous un filet d'eau chaude.

2e PARTIE

LES PÂTES DE L'HIVER

FAIT **BIO**

FAIT **MAISON**

24

GRATIN DE CROZETS DE SARRASIN AU CHOU

ROULEAU À PÂTISSERIE OU LAMINOIR

Connaissez-vous cette spécialité savoyarde ? Les crozets sont de petites pâtes carrées dont l'ingrédient principal est la farine de sarrasin. Dans le commerce, ils contiennent aussi une part de semoule de blé dur, mais je vous propose ici une recette cent pour cent sarrasin. Si vous les préparez à la main, vous aurez le plaisir de travailler cette farine fine et douce.

Préparer la pâte comme la recette de base de la pâte aux œufs. La laisser reposer une heure sous un linge avant de l'étaler.
Pendant ce temps, couper le chou en petits morceaux. Dans une cocotte à fond épais, faire revenir l'oignon haché et le chou dans un peu d'huile. Lorsqu'ils ont légèrement doré, verser un demi-verre d'eau et couvrir pour poursuivre la cuisson à l'étouffée pendant quinze minutes.
La pâte étant assez friable, la diviser en petites boules qu'il faut étaler une par une pour obtenir de grands rectangles de moins de 1 millimètre d'épaisseur. À l'aide d'un grand couteau, couper ces rectangles en lanières de 1 centimètre de large, que l'on recoupe perpendiculairement pour obtenir des carrés.
Cuire les crozets dans un grand volume d'eau bouillante, pendant deux minutes. Les égoutter.
Huiler un plat à gratin. Disposer un lit de chou cuit à l'étouffée, puis les crozets. Parsemer le plat de petits morceaux de tomme. Enfourner à 180 °C (th. 6) pour dix minutes, afin de faire gratiner le fromage.

PÂTE : ■ 200 g de farine de sarrasin ■ 2 œufs ■ 1 c. à c. d'huile de tournesol ■ une pincée de sel

GARNITURE : ■ 400 g de chou pointu ou de chou pommé ■ 1 oignon ■ 1 c. à s. d'huile de tournesol ■ 50 g de tomme de Savoie

25 BOUILLON DE NOUILLES SOBA

FILIÈRE

Les nouilles soba sont une spécialité traditionnelle du Nord-Est du Japon. Elles sont fabriquées avec de la farine de sarrasin, complète ou blanche, et sans œufs. On les trouve aussi en France dans les magasins bio, sous forme de pâtes sèches. Lorsqu'on utilise à la maison du sarrasin pur (sans ajout de blé), on obtient une pâte aromatique, douce et très brune. Mais elle est friable et difficile à travailler à la main. Un appareil à filière de type extracteur de jus se révèle indispensable pour en faire des nouilles rondes et longues. Avec quelques libertés prises pour adapter cette recette japonaise au contenu de nos placards, ce bouillon parfumé se prépare en un clin d'œil.

Travailler la farine de sarrasin et l'eau ajoutée progressivement, pour obtenir une pâte lisse et assez ferme. La malaxer quelques minutes, puis la laisser reposer.
Pendant ce temps, porter à ébullition une grande quantité d'eau pour la cuisson des nouilles. Préparer le bouillon dans une autre casserole en faisant chauffer le shoyu, le sucre et l'eau, et ajouter l'algue kombu rincée.
Couper le poireau en fines rondelles.
Couper la carotte en très fines lamelles, à l'aide d'un couteau économe. Rouler les feuilles de chou en chiffonnade, pour les couper en lamelles.
Ajouter les légumes au bouillon.
Moudre ou piler ensemble le nori, les graines et le zeste de mandarine.
Passer la pâte par petits morceaux successifs dans une filière, pour obtenir des pâtes de la forme de gros spaghettis. Les déposer sur des linges, bien séparées les unes des autres. Les plonger en une fois dans l'eau bouillante pour les cuire une à deux minutes.
Égoutter les nouilles. Les servir immédiatement dans le bouillon, en saupoudrant le bol du mélange d'épices moulues.

PÂTE : ■ 200 g de farine de sarrasin ■ 125 ml d'eau

BOUILLON : ■ 2 c. à s. de shoyu ■ 1 c. à s. de sucre de canne brut ■ 1 l d'eau ■ 2 tronçons d'algue kombu ■ 1 poireau ■ 1 carotte ■ 80 g de chou ■ une pincée d'algue nori en paillettes ■ 1 ou 2 grains de poivre ■ 1 c. à c. de graines de pavot ■ 1 c. à c. de graines de sésame ■ une pincée de zeste de mandarine (ou d'agrume) séché

26

LENTILLES AUX SPÄTZLE

Ces « petits moineaux », les spätzle (prononcez « chpètsle »), sont des pâtes aux œufs traditionnelles du Sud de l'Allemagne. On les rencontre aussi fréquemment en Alsace ou en Suisse. Dans leur région d'origine, les spätzle sont souvent préparés à l'aide d'un petit appareil qui ressemble à un gros presse-ail, avec lequel on forme des pâtes qui tombent directement dans l'eau bouillante.

Réunir les légumes coupés en petits morceaux, les aromates et les lentilles dans une casserole. Couvrir largement d'eau. Faire mijoter à feu doux environ une demi-heure à couvert. En fin de cuisson, saler et ajouter une goutte de vinaigre.

Dans un grand saladier, verser la farine, le sel et la muscade moulue. Les mélanger et creuser une fontaine. Y verser les œufs battus avec un verre d'eau. Mélanger et ajouter un petit peu d'eau pour obtenir une pâte molle et collante. La laisser reposer une demi-heure. Faire bouillir un grand volume d'eau.

Sur une planche à découper, étaler deux cuillerées à soupe de pâte en une couche mince à une extrémité de la planche. Poser la planche sur le bord de la casserole. Avec un grand couteau, couper une lanière fine de pâte et la faire glisser dans la casserole. Tremper le couteau dans l'eau bouillante pour aider le lambeau de pâte à se détacher. Poursuivre ainsi avec le reste de la pâte sur la planche, le plus rapidement possible. Avec une écumoire, pêcher les spätzle qui sont remontés à la surface. Continuer avec une nouvelle tournée étalée sur la planche et renouveler l'opération jusqu'à épuisement de la pâte. Rincer les pâtes égouttées sous un filet d'eau. Faire revenir les spätlze un instant dans une poêle huilée. Servir bien chaud avec les lentilles.

LENTILLES : ■ 2 carottes ■ 1 branche de céleri ■ 1 petit panais ■ 1 oignon ■ une pincée de thym ■ 1 feuille de laurier ■ 200 g de lentilles vertes ■ ½ c. à c. de sel ■ une goutte de vinaigre de vin

PÂTE : ■ 3 œufs ■ 300 g de farine de froment semi-complet ■ ½ c. à c. de sel ■ une pointe de muscade ■ 1 c. à s. d'huile d'olive

27

MINESTRONE À LA PURÉE D'AMANDE

Cette grande soupe est inspirée du minestrone italien. Elle est composée de légumes secs, de petits dés de légumes frais ainsi que de pâtes, et est liée à la purée d'amande. Elle mijote tranquillement, sans grand besoin de surveillance, et constitue un repas réconfortant.

Laver les légumes secs. Les couvrir d'eau et les laisser tremper une nuit. Rincer à nouveau les légumes secs et les couvrir de 1 litre d'eau, dans une grande casserole. Couper le tronçon d'algue kombu en tout petits morceaux. Les ajouter à l'eau de cuisson. Couvrir et laisser mijoter environ quarante minutes.
Préparer la pâte, en mélangeant la semoule et l'eau ajoutée progressivement. Malaxer plusieurs minutes, jusqu'à ce que la pâte devienne bien élastique et souple. La couvrir d'un linge et la laisser reposer.
Lorsque les légumes secs sont tendres, éplucher et couper tous les légumes frais en petits dés de même taille. Les ajouter, avec les aromates, à la soupe.
Diviser la pâte en trois ou quatre parts. Rouler chacune en un long boudin de moins de 1 centimètre de diamètre. Couper le boudin en orecchiette, comme expliqué page 27.
Plonger les pâtes dans la soupe et les laisser cuire à feu doux quelques minutes. En fin de cuisson, ajouter le sel et le tamari. Goûter pour vérifier la cuisson des pâtes et l'assaisonnement.
Dans un bol à part, verser une louchée de bouillon sur la purée d'amande. La délayer et la mélanger à la soupe.

LÉGUMES SECS : ■ 100 g de pois chiches ■ 50 g de haricots rouges ■ 50 g de haricots blancs ■ 1 tronçon d'algue kombu

PÂTE : ■ 100 g de semoule de blé dur complet ■ environ 50 ml d'eau

LÉGUMES FRAIS : ■ 1 oignon ■ 1 carotte ■ 1 branche de céleri ■ 200 g de patidou ou d'une autre courge ■ 150 g de chou pommé ■ 1 navet ■ 1 pomme de terre ■ 1 gousse d'ail ■ 1 feuille de laurier ■ une pincée de marjolaine ■ une pincée de thym

ASSAISONNEMENT : ■ 1 c. à c. de sel aux herbes ■ 1 c. à c. de tamari ■ 2 c. à s. de purée d'amande complète

28

LASAGNES AU CHOU

ROULEAU À PÂTISSERIE OU LAMINOIR

Préparer la pâte comme la recette de base. La malaxer puis la laisser reposer pendant la préparation des sauces.
Dans une petite cocotte, faire revenir l'oignon émincé dans un petit peu d'huile d'olive. Ajouter l'ail haché, les épices et la carotte râpée. Écraser le tofu à la fourchette. Couper les tomates en petits morceaux et les ajouter à la sauce aux légumes, avec leur jus et le tofu. Saler et laisser mijoter cette sauce à feu doux.
Dans une autre casserole, mélanger la purée d'amande, la crème de riz, la muscade et un verre de lait. Porter sur le feu, en continuant de mélanger pour délayer les ingrédients. Ajouter le reste du lait de riz et poursuivre la cuisson à feu doux pendant quelques minutes, jusqu'à ce que la sauce épaississe.
Séparer les feuilles du chou. Ôter les nervures les plus épaisses.
Étaler la pâte en bandes adaptées aux dimensions du plat à four, en prévoyant trois couches de pâte.
Huiler soigneusement le fond et les bords du plat. Disposer une couche de pâte au fond. La couvrir avec la moitié de la sauce aux légumes. Étaler des feuilles de chou sur toute la sauce. Couvrir d'un tiers de la béchamel. Répéter la succession des couches : pâte, sauce aux légumes, feuilles de chou, béchamel. Terminer par une couche de pâte et une bonne épaisseur de béchamel. Saupoudrer de levure alimentaire ou de chapelure.
Arroser d'un verre d'eau avant d'enfourner pour trente minutes environ, à four chaud (th. 6, 180 °C).

PÂTE : ■ 50 g de semoule de blé dur complet ■ 50 g de farine de froment complet ■ environ 60 ml d'eau

SAUCE AUX LÉGUMES : ■ 1 oignon ■ 2 gousses d'ail ■ 2 c. à c. de cumin moulu ■ ½ c. à c. de cannelle ■ 1 carotte ■ 125 g de tofu ferme ■ 400 g de tomates entières en conserve dans leur jus ■ sel

BÉCHAMEL : ■ 2 c. à s. de purée d'amande blanche ■ 3 c. à s. de crème de riz (farine précuite) ■ une pointe de muscade moulue ■ 3 verres de lait de riz

POUR LE MONTAGE : ■ 250 g de chou pommé ■ 2 c. à s. de levure alimentaire ou de chapelure ■ 1 verre d'eau

29

NOUILLES DE BLÉS ANCIENS AU POIREAU ET AUX ALGUES

ROULEAU À PÂTISSERIE OU LAMINOIR

On présente souvent le petit épeautre comme un ancêtre du blé dur. Cultivé en France et très aromatique, il donne d'ailleurs une farine de couleur jaune, proche en teinte de la semoule de blé dur. Comme celui-ci, le petit épeautre donne une pâte assez résistante lorsqu'on la pétrit. Combiné avec l'épeautre du Nord ou grand épeautre, lui-même parent du froment, il donne des pâtes *al dente,* dorées et délicieuses.

Mélanger les farines et le sel. Creuser un puits. Y battre les œufs. Malaxer, en ajoutant une goutte d'eau si nécessaire, jusqu'à ce que la pâte s'assouplisse, puis laisser reposer sous un linge.
Détailler le poireau en petits morceaux. Le mettre à cuire avec l'eau dans une cocotte fermée, à l'étouffée.
Étaler finement la pâte et la couper en tagliatelles.
Porter un grand volume d'eau à ébullition.
Pendant que l'eau chauffe, verser le tofu lactofermenté dans une grande poêle. Y ajouter les paillettes d'algues, l'aneth, le sel et le poireau cuit, avec un peu de bouillon de cuisson. Réduire la sauce à petit feu.
Cuire les pâtes une ou deux minutes dans l'eau bouillante. Les mélanger à la sauce et décorer chaque assiette d'une demi-rondelle de citron.

PÂTE : ■ 150 g de farine d'épeautre ■ 150 g de farine de petit épeautre ■ 1 c. à c. de sel ■ 3 œufs

SAUCE : ■ 1 gros poireau ■ 1 petit verre d'eau ■ 1 pot de 425 g de tofu lactofermenté ■ 2 c. à s. bombées de paillettes d'algues mélangées (du type « salade du pêcheur ») ■ 1 c. à c. d'aneth séché ■ 1 c. à c. de sel aux herbes ■ ½ citron

3e PARTIE

LES PÂTES DU PRINTEMPS

FAIT **BIO**

FAIT **MAISON**

30

LASAGNES ÉPICÉES AUX POIS CASSÉS ET AUX CAROTTES RÂPÉES

ROULEAU À PÂTISSERIE OU LAMINOIR

Faire tremper les pois cassés pendant une nuit. Rincer ensuite les pois cassés. Les couvrir largement d'eau et les laisser mijoter quarante minutes environ, sous un couvercle, avec les feuilles de sauge mais sans sel.
Préparer la pâte à lasagnes en mélangeant la semoule, la farine, le sel et les épices. Verser l'eau, malaxer pour former une boule et travailler quelques minutes. Laisser reposer sous un linge.
Dans une poêle, faire revenir dans un peu d'huile les oignons hachés, avec les graines de moutarde.
Pendant ce temps, éplucher les carottes. Les râper. Les ajouter dans la poêle lorsque les oignons sont translucides. Saler et poursuivre la cuisson quelques instants, en remuant. Ajouter une goutte d'eau et couvrir, pour cuire les carottes à l'étouffée quelques minutes. Laisser ensuite tiédir la préparation.
Lorsque les pois cassés sont cuits, les égoutter en réservant le jus de cuisson. Les mixer avec du sel, la purée d'amande et un verre de bouillon.
Diviser la boule de pâte en trois parts. Étendre chacune en une abaisse approximativement de la taille du moule à gratin.
Huiler le moule. Déposer une plaque de pâte pour en couvrir le fond. Y étaler la moitié des carottes. Verser sur celles-ci un tiers de la sauce aux pois cassés et étaler. Poursuivre en superposant les couches : pâte, carottes, sauce, pâte, et terminer par une couche de sauce. Saupoudrer de levure alimentaire.
Verser sur le plat un verre du jus de cuisson des pois cassés. Enfourner pour quinze minutes à four chaud (th. 6, 180 °C), jusqu'à ce que la levure soit dorée.

SAUCE AUX POIS CASSÉS : ■ 100 g de pois cassés secs ■ quelques feuilles de sauge fraîche ou séchée ■ une pincée de sel ■ 1 c. à s. de purée d'amande blanche

PÂTE : ■ 50 g de semoule de blé dur complet ■ 50 g de farine de froment semi-complet ■ une pincée de sel ■ 1 c. à c. de curry panch phoron ■ 60 ml d'eau

CAROTTES RÂPÉES : ■ 1 c. à s. d'huile d'olive ■ 2 oignons ■ 1 c. à s. de graines de moutarde ■ 5 carottes ■ sel

■ 3 c. à s. de levure alimentaire

31

DEMI-LUNES À L'AIL DES OURS ET AU FROMAGE BLANC DE CHÈVRE

ROULEAU À PÂTISSERIE OU LAMINOIR

L'ail des ours est une plante sauvage, plus rarement cultivée, que l'on peut cueillir dans les sous-bois au début du printemps. Avec sa texture délicate et son parfum aillé, il se mêle très facilement à une farce hachée.
À défaut, on peut le remplacer par une tige d'ail vert (aillet), plus facile à trouver sur les marchés.

Verser la farine et la semoule sur un plan de travail, puis y creuser un puits. Y casser l'œuf. Ajouter l'eau progressivement, en travaillant la pâte. Étendre la pâte. Découper des disques avec un verre ou un emporte-pièce et les laisser sécher sur un linge.
Faire cuire les légumes à l'étouffée, avec un demi-verre d'eau, pendant quelques minutes. Bien égoutter. Les hacher, puis laisser refroidir complètement.

Mélanger les légumes avec le fromage blanc de chèvre. Saler et poivrer. Déposer une noisette de farce sur chaque disque de pâte. Les plier pour former des chaussons. Souder les bords en appuyant avec les dents d'une fourchette. Réserver sur un linge.
Plonger les pâtes dans une grande quantité d'eau salée en ébullition. Les cuire cinq minutes. Égoutter soigneusement pour servir immédiatement.

PÂTE : ■ 1,5 tasse de farine de froment semi-complet ■ 1,5 tasse de semoule de blé dur complet ■ 1 œuf ■ 1 tasse d'eau

FARCE : ■ 200 g d'épinards frais ■ 100 g d'ail des ours frais ■ 100 g d'oseille ■ 120 g de fromage blanc de chèvre égoutté ■ une pincée de sel aux herbes ■ poivre

32

PÂTES DE SARRASIN AUX LENTILLONS ROSÉS

ROULEAU À PÂTISSERIE OU LAMINOIR

Les lentillons rosés, originaires de Champagne ou d'autres régions de France, sont de petites lentilles à la peau brun-rouge et à la chair rose ; à ne pas confondre avec les lentilles corail. Avec leur peau très fine et leur saveur délicate, ils figurent parmi les légumes secs rapides à cuire et très digestes. À défaut, vous pouvez les remplacer par des lentilles brunes ou vertes.

Préparer la pâte comme indiqué dans la recette de base à la semoule de blé dur. Laisser reposer sous un linge au moins une demi-heure.
Diviser la pâte en huit parts.
Les étaler le plus finement possible et les découper en fins rubans. Laisser sécher au moins une heure.
Pendant ce temps, laver les lentilles. Hacher l'oignon et le fenouil. Réunir les lentilles, l'oignon, le fenouil et la sauge dans une cocotte.
Couvrir largement d'eau et laisser mijoter vingt-cinq minutes.
Faire tomber les épinards dans une sauteuse, avec un petit peu d'huile d'olive. Les réserver au chaud sous un couvercle.
Faire cuire les nouilles, deux minutes dans un grand volume d'eau bouillante.
Pour servir, diviser les épinards en quatre parts. Tasser chacune au fond d'un chinois et retourner sur l'assiette pour former un dôme. Servir avec les lentilles roses et les pâtes égouttées.

PÂTE : ■ 150 g de farine de sarrasin semi-complet ■ 150 g de semoule de blé dur complet ■ 1 c. à c. de sel fin ■ environ 120 ml d'eau

GARNITURE : ■ 200 g de lentillons rosés ■ 1 oignon ■ 1 bulbe de fenouil ■ quelques feuilles de sauge ■ 400 g d'épinards

33

SALADE TIÈDE DE POIS CHICHES AUX PÂTES DE QUINOA

LAMINOIR OU FILIÈRE

Rincer puis faire tremper les pois chiches secs dans un grand volume d'eau pendant une nuit.
Égoutter ensuite les pois chiches, les couvrir d'une nouvelle eau dans une casserole, ajouter le kombu et faire cuire à feu doux, sous un couvercle, pendant quarante minutes, jusqu'à ce que les pois chiches soient tendres.
Mélanger la farine de quinoa, le sel et la poudre d'ail. Ajouter l'eau progressivement, jusqu'à ce que la pâte puisse être façonnée en boule.
Malaxer la pâte quelques instants, puis la laisser reposer sous un linge.
Diviser la pâte en petites boules.
Aplatir chacune pour la passer dans le laminoir. Fariner si nécessaire, et poursuivre jusqu'à ce que la pâte menace de se déchirer (cran 6 environ).
Découper les abaisses en bandes régulières, façon tagliatelles ou pappardelles.
Porter un grand volume d'eau à ébullition.
Faire chauffer un peu d'huile dans une poêle. Y verser les pois chiches égouttés, l'aillet émincé, le persil ciselé, le cumin et le poivre. Faire revenir quelques minutes, puis ajouter le jus du citron pressé. Donner un bouillon pour réduire la sauce.
Plonger les pâtes dans l'eau bouillante pour deux à trois minutes, jusqu'à ce qu'elles remontent à la surface. Les égoutter et les verser dans la sauce, hors du feu. Mélanger.
Servir rapidement, en arrosant chaque assiette d'un filet d'huile d'olive crue.

PÂTE : ■ 200 g de farine de quinoa ■ ½ c. à c. de sel ■ 1 c. à c. de poudre d'ail ■ environ 30 ml d'eau

SALADE DE POIS CHICHES : ■ 150 g de pois chiches secs ou 400 g de pois chiches cuits égouttés ■ 1 tronçon d'algue kombu ■ 1 c. à s. d'huile d'olive ■ 1 tête d'aillet, avec la tige ■ 1 petit bouquet de persil plat ■ 1 c. à c. de cumin moulu ■ une pincée de poivre moulu ■ 1 citron

34

NOUILLES RIZ-SOJA PRIMAVERA

ROULEAU À PÂTISSERIE OU LAMINOIR

Essayez cette variante des pâtes de riz : la farine de soja précuite apporte un goût très particulier, qui s'accorde avec la douceur et l'onctuosité de la sauce. Il vous reste à improviser une petite jardinière de légumes, selon votre marché du jour.

Mélanger les farines et le sel.
Porter l'eau à ébullition puis la verser au centre de la farine. Mélanger pour obtenir une pâte homogène, probablement un petit peu trop molle. Ajouter une poignée de farine de riz pour rétablir la consistance de la pâte, qui doit être souple mais presque sèche au toucher. Former une boule et laisser reposer sous un linge.
Étaler la pâte au laminoir, jusqu'à ce qu'elle semble prête à se déchirer (cran 4 ou 5). La découper en tagliatelles et les réserver sur un linge.
Porter un grand volume d'eau à ébullition.
Pendant ce temps, gratter les carottes et le navet. Éplucher le chou-rave. Découper les légumes en petits dés. Les faire cuire, avec les petits pois, à la vapeur douce pendant dix minutes environ.
Réchauffer la crème de soja dans une petite casserole. Lorsqu'elle est chaude, ajouter le tamari et mélanger.
Faire cuire les pâtes dans l'eau bouillante, pendant trois à cinq minutes. Servir avec les légumes, la sauce et le persil ciselé.

PÂTE : ■ 150 g de farine de riz complet ■ 150 g de farine de soja précuite ■ 1 c. à c. de sel ■ 100 ml d'eau ■ encore un petit peu de farine de riz

JARDINIÈRE DE LÉGUMES : ■ 2 carottes ■ 1 navet ■ 1 petit chou-rave ■ 200 g de petits pois écossés

SAUCE : ■ 200 ml de soja cuisine liquide ■ 2 c. à s. de tamari ■ quelques brins de persil plat

35

TAGLIATELLES DE SEIGLE AUX CHAMPIGNONS ET À LA MARJOLAINE

ROULEAU À PÂTISSERIE OU LAMINOIR

Mélanger les farines et le sel. Ajouter les œufs et malaxer la pâte quelques minutes.
La laisser reposer une demi-heure.
L'étaler très finement et la couper en lamelles. Laisser sécher au moins une demi-heure.
Pendant ce temps, couper les champignons en quatre.
Faire chauffer l'huile dans une grande cocotte et y faire revenir l'aillet.
Ajouter les champignons, la marjolaine, le sel et le poivre. Faire dorer cinq minutes. Réserver.
Cuire les tagliatelles en trois fois, dans une grande quantité d'eau bouillante, pendant deux à trois minutes. Les égoutter (réserver une cuillerée à soupe d'eau de cuisson) et les verser dans la cocotte. Mélanger avec la crème et la cuillerée d'eau de cuisson des pâtes.
Servir rapidement.

PÂTE : ■ 200 g de farine de seigle complet (T170) ■ 100 g de semoule de blé dur complet ■ 1 c. à c. de sel fin ■ 3 œufs

SAUCE AUX CHAMPIGNONS : ■ 500 g de champignons de Paris bruns ■ 1 c. à s. d'huile d'olive ■ 1 tige d'aillet ■ 1 c. à c. de marjolaine ■ sel aux herbes ■ poivre ■ 4 c. à s. de crème fraîche ou de tofu lactofermenté

4e PARTIE

LES PÂTES DE L'ÉTÉ

FAIT **BIO**

FAIT **MAISON**

36

SALADE DE ROQUETTE AUX PAPILLONS ET AUX GRAINES DE LIN

ROULEAU À PÂTISSERIE OU LAMINOIR

Préparer la pâte et la malaxer quelques minutes. Laisser reposer sous un linge.
Faire griller les poivrons vingt minutes au four, à 180 °C. Les laisser tiédir, puis les éplucher et les épépiner. Les couper en lamelles.
Étaler la pâte au rouleau ou au laminoir à pâtes. La découper en petits rectangles de 2 × 3 centimètres, puis les façonner en papillons (voir page 30).
Les saupoudrer de semoule de blé dur et les laisser sécher sur un linge, au moins quinze minutes.
Cuire les papillons pendant deux minutes, dans de l'eau bouillante.
Les égoutter et les laisser tiédir.
Laver la roquette et la déchirer grossièrement. Couper les tomates cerises en deux. Concasser les graines de lin dans un petit moulin ou au mortier.
Réunir tous les ingrédients dans un saladier et assaisonner.

PÂTE : ■ 100 g de farine de froment semi-complet ■ 100 g de semoule de blé dur complet ■ ½ c. à c. de sel fin ■ 2 œufs

SALADE : ■ 2 poivrons ■ 80 g de roquette ou de cresson ■ 150 g de tomates cerises ■ 1 c. à s. de graines de lin brun ■ 1 c. à s. de vinaigre balsamique ■ 1 c. à s. d'huile d'olive

37

PÂTES ORANGE AUX LÉGUMES GRILLÉS

ROULEAU À PÂTISSERIE OU LAMINOIR

À l'avance, couper les courgettes et l'aubergine en dés de 1 centimètre de côté. Les disposer sur une tôle huilée, avec les poivrons entiers et les gousses d'ail en chemise. Enfourner à 180 °C. Après vingt minutes, sortir du four deux poivrons et les gousses d'ail. Laisser refroidir les poivrons dans un récipient fermé.
Arroser les autres légumes d'un filet d'huile d'olive et poursuivre leur cuisson cinq minutes. Les garder au chaud dans le four éteint.
Avec les deux poivrons grillés, préparer des pâtes orange comme expliqué page 24.
Couper les pâtes en tagliatelles. Éplucher le troisième poivron et le couper en lanières. Éplucher l'ail. Dans un plat creux, écraser l'ail et le mêler à une cuillerée d'huile d'olive, une cuillerée d'huile de noisette et du sel. Ajouter le poivron grillé et les cubes de légumes grillés.
Faire cuire les pâtes deux à trois minutes dans de l'eau bouillante. Les servir surmontées de légumes grillés.

LÉGUMES GRILLÉS : ■ 2 courgettes ■ 1 aubergine ■ 3 poivrons rouges (dont 2 pour colorer les pâtes) ■ 4 gousses d'ail ■ huile d'olive ■ huile de noisette ■ sel aux herbes

PÂTE : ■ 300 g de semoule de blé dur complet ■ 2 œufs ■ sel

38

CANNELLONIS À LA COURGETTE

ROULEAU À PÂTISSERIE OU LAMINOIR

Avec un laminoir, vous pouvez étaler la pâte jusqu'au cran 7. Vous obtiendrez ainsi environ seize cannellonis, ce qui représente quatre rouleaux par personne. Si vous travaillez la pâte à la main, vous l'étalerez moins finement qu'au laminoir. Pour obtenir la même longueur et confectionner le même nombre de rouleaux, augmentez la quantité de pâte de moitié.

Préparer la pâte, en malaxant la semoule et le sel avec l'eau, pour obtenir une boule souple et qui ne colle pas.
Laisser reposer sous un linge, une demi-heure environ.
Saupoudrer la pâte d'un peu de semoule de blé dur, puis l'étaler en bandes de 10 centimètres de largeur. Découper ces bandes en rectangles de 12 centimètres de long environ.
Hacher finement l'oignon et l'ail. Râper les courgettes et le tofu. Mélanger tous les ingrédients de la farce.
Huiler un très grand plat à four (ou deux petits). Disposer une poignée de farce à l'extrémité d'un rectangle de pâte.
Rouler la pâte autour de la farce.
Poursuivre avec les autres rectangles.
Disposer les rouleaux au fond du plat, sans les superposer.
Dans une casserole, délayer la purée d'amande et la crème de céréales avec un peu de lait de riz. Chauffer à feu très doux. Ajouter le reste de liquide et remuer jusqu'à ce que la sauce épaississe. Y verser le reste éventuel de farce à la courgette et l'œuf battu.
Verser la sauce sur les cannellonis.
Saupoudrer d'un peu de parmesan.
Enfourner pour vingt minutes à four chaud (th. 6, 180° C).

PÂTE : ■ 150 g de semoule de blé dur complet ■ une pincée de sel ■ environ 75 ml d'eau

FARCE : ■ 1 oignon ■ 1 gousse d'ail ■ 2 courgettes ■ 200 g de tofu fumé ■ une pointe de muscade ■ une pincée de sel aux herbes

SAUCE BLANCHE : ■ 1 c. à s. bombée de purée d'amande blanche ■ 3 c. à s. de crème cinq-céréales (ou de crème de riz) ■ ½ l de lait de riz ■ 1 verre d'eau ■ 1 œuf ■ 3 c. à s. de parmesan râpé

39

SPAGHETTIS FAÇON CHILI

LAMINOIR OU FILIÈRE

Laver et faire tremper les haricots rouges pendant une nuit.
Mélanger ensuite la semoule et le sel. Ajouter de l'eau jusqu'à obtenir une boule de pâte qui ne colle pas. La malaxer dix minutes, puis la laisser reposer sous un linge.
Rincer les haricots. Les couvrir largement d'eau, dans une grande casserole. Ajouter les feuilles de sauge et faire cuire à tout petits bouillons sous un couvercle, pendant quarante minutes environ.
Pendant ce temps, passer la pâte à la filière, en choisissant une douille avec plusieurs petits trous ronds. Fariner les pâtes à la sortie de la filière, avec de la semoule de blé dur. Porter un grand volume d'eau à ébullition.
Lorsque les haricots sont bien tendres, les égoutter. Faire revenir les oignons hachés dans un petit peu d'huile d'olive. Ajouter l'ail haché et le poivron détaillé en lanières. Verser le coulis de tomate et les épices, et laisser mijoter quelques minutes.
Ajouter le maïs et les haricots verts coupés en deux. Prolonger la cuisson de quelques minutes.
Cuire les spaghettis à l'eau bouillante. Goûter pour évaluer le temps de cuisson nécessaire, qui dépend de la grosseur des spaghettis. Mélanger les pâtes égouttées et la sauce.

PÂTE : ■ 300 g de semoule de blé dur complet ■ 1 c. à c. de sel ■ environ 120 ml d'eau

SAUCE CHILI : ■ 150 g de haricots rouges secs ■ quelques feuilles de sauge ■ 2 oignons ■ 1 gousse d'ail ■ 1 poivron vert ■ 500 g de coulis de tomate ■ ½ c. à c. de piment en poudre ■ 1 c. à c. de cumin ■ 200 g de maïs doux ■ quelques haricots verts

40

MINIGNOCCHIS DE MAÏS POUR LES PETITS

La plupart des plats de pâtes, qu'ils soient sophistiqués ou quotidiens, enthousiasment les enfants. Celui-ci, très simple, se met à la portée des petits cuisiniers, qui pourront venir exercer leurs talents dans un nuage de farine.

Dans un saladier, mélanger la fécule, les farines et le sel.
Creuser un puits et y verser un peu d'eau. Mélanger la pâte au centre du puits. Lorsqu'elle est homogène, incorporer progressivement la farine du bord, en ajoutant un petit peu d'eau quand c'est nécessaire.
Former une boule de pâte. Ajouter un peu de farine si elle colle. Malaxer quelques instants, puis laisser reposer sous un linge.
Prélever une noisette de pâte. La rouler entre les doigts pour former un petit boudin. Façonner les deux extrémités en pointe et mettre ce petit gnocchi de côté, sur un plateau fleuré à la farine de maïs.
Poursuivre avec le reste de la pâte.
Porter un grand volume d'eau à ébullition. Y cuire les gnocchis en plusieurs fois. Après cinq minutes de cuisson environ, goûter pour vérifier qu'ils sont cuits à cœur.
Servir les gnocchis avec un coulis de tomate chaud et des copeaux de parmesan.

PÂTE : ■ 80 g de fécule de maïs ■ 60 g de farine de riz complet ■ 60 g de farine de maïs ■ ½ c. à c. de sel ■ eau

SAUCE IMPROVISÉE : ■ 400 g de coulis de tomate ■ 30 g de parmesan

41

SPAGHETTIS DE QUINOA AUX GRAINES GERMÉES

FILIÈRE

Préparer la pâte comme la recette de base de pâte aux œufs. La laisser reposer une heure sous un linge. La diviser en huit à dix parts, puis les introduire l'une après l'autre dans un extracteur de jus muni d'une douille à plusieurs trous ronds et fins.
Couper les spaghettis à longueur régulière et les saupoudrer de farine de quinoa. Les déposer sur un linge, en évitant qu'ils se touchent. Les laisser sécher au moins quinze minutes.

Éplucher les tomates et les couper en petits dés réguliers.
Émincer les oignons, leur tige et la gousse d'ail le plus finement possible.
Rincer les graines germées.
Mélanger les légumes avec l'huile et le sel, et réserver à température ambiante.
Porter un grand volume d'eau à ébullition. Cuire les spaghettis de quinoa pendant deux à trois minutes.
Les égoutter et les mélanger à la sauce crue. Servir immédiatement.

PÂTE : ■ 300 g de farine de quinoa ■ 3 œufs ■ sel

SAUCE CRUE AUX GRAINES GERMÉES : ■ 2 tomates charnues ■ 2 oignons-tiges ■ 1 gousse d'ail ■ 2 poignées d'alfafa germé ■ 2 c. à s. d'huile d'olive ■ sel aux herbes

5e PARTIE

LES PÂTES DE L'AUTOMNE

FAIT **BIO**

FAIT **MAISON**

42

RAVIOLIS DE PETIT ÉPEAUTRE AU POTIMARRON

ROULEAU À PÂTISSERIE OU LAMINOIR

Préparer la pâte comme la recette de base de pâte aux œufs, puis la laisser reposer.
Laver le potimarron et en ôter les graines. Le couper en dés, en gardant la peau. Le faire cuire dix minutes à la vapeur douce.
Pendant ce temps, écaler les noix. Les hacher, ainsi que l'ail.
Écraser le potimarron cuit en purée épaisse. Saler et muscader. Ajouter les noix et l'ail, et laisser refroidir.
Étaler la pâte.
Sur la moitié des abaisses, déposer la farce à intervalles réguliers. Couvrir chaque abaisse farcie d'une autre abaisse de même taille. Souder la pâte autour de la farce. Découper en carrés avec une roulette dentée.
Mettre les raviolis de côté sur un linge, en évitant qu'ils se touchent.
Avec une écumoire, plonger délicatement les raviolis dans l'eau bouillante pendant quelques minutes. En goûter un pour vérifier la cuisson.

PÂTE : ■ 150 g de farine de petit épeautre ■ 150 g de semoule de blé dur complet ■ une pincée de sel ■ 3 œufs

FARCE : ■ 500 g de potimarron ■ 12 noix ■ 1 gousse d'ail ■ une pincée de sel ■ muscade

43

PETITS CHAUSSONS ROSES ET SAUCE À L'ORANGE

ROULEAU À PÂTISSERIE OU LAMINOIR

Mixer soigneusement la betterave avec un petit peu d'eau. Ajouter dans le bol du robot culinaire la farine, la semoule et le sel. Mélanger en ajoutant progressivement l'eau, pour cesser dès que la pâte commence à s'agglomérer. Sortir la boule du robot et ajouter si nécessaire un peu d'eau ou de semoule de blé dur, pour obtenir une pâte souple et non collante. Malaxer cinq minutes puis laisser reposer sous un linge.
Ôter la partie terreuse des champignons. Les rincer rapidement et les hacher finement. Écaler les noisettes et les couper en rondelles. Faire chauffer l'huile dans une poêle. Y faire revenir les champignons, en remuant. Lorsque l'eau de végétation des champignons s'est évaporée, ajouter les noisettes et les faire dorer quelques instants. Saler, poivrer et laisser le mélange refroidir.
Laver l'orange. Gratter le zeste et l'ajouter à la farce aux champignons. Presser le fruit.
Diviser la pâte en huit boules environ. Aplatir chacune de la paume de la main ou au rouleau à pâtisserie. Étaler chaque boule de pâte en un grand rectangle assez fin (cran 5 ou 6 au laminoir). Découper de petits disques dans les rectangles. Réunir les chutes pour étaler à nouveau finement la pâte et découper quelques ronds supplémentaires.
Garnir chaque disque d'un petit peu de farce. Le plier en deux et souder les bords en les pressant fortement.
Faire chauffer un grand volume d'eau. Y cuire les petits chaussons en plusieurs fois, pendant deux ou trois minutes selon leur taille. Les égoutter soigneusement et les garder sous un couvercle.
Déglacer la poêle des champignons avec le jus d'orange. Donner un bouillon pour réduire la sauce et la servir sur les pâtes.

PÂTE : ■ 125 g de betterave cuite ■ 150 g de farine de froment semi-complet ■ 150 g de semoule de blé dur complet ■ 1 c. à c. de sel aux herbes ■ environ 50 ml d'eau

FARCE : ■ 300 g de champignons de Paris ■ 12 noisettes ■ 1 c. à s. d'huile d'olive ■ sel et poivre ■ 1 orange

44

PÂTES DE CHÂTAIGNE AUX BLETTES

LAMINOIR

Une part de farine de châtaignes suffit pour obtenir de belles pâtes brunes, fermes et très parfumées. Pour les accompagner, voici un coulis de blette aux raisins secs qui sait rester léger et très simple à préparer.

Mélanger la farine, la semoule et le sel. Creuser un puits, y battre les deux œufs et ajouter un petit peu d'eau, en remplacement du troisième œuf habituel. Malaxer la pâte puis la laisser reposer.
L'étaler puis la couper en tagliatelles.
Séparer le vert et les côtes des blettes. Tout couper en tronçons.
Dans un cuit-vapeur, verser un peu d'eau et une pincée de thym. Disposer les blettes et les raisins secs dans le panier, en groupant le vert des blettes d'un côté. Faire cuire à la vapeur douce pendant cinq à dix minutes.
Mixer le vert des blettes avec deux louchées du bouillon de cuisson au thym, l'huile de colza et un petit peu de sel. Ajuster la quantité de liquide pour obtenir un coulis bien lisse.
Mélanger ce coulis avec les tronçons de côtes de blette et les raisins secs, et le conserver au chaud sous un couvercle.
Cuire les pâtes deux à trois minutes dans de l'eau bouillante. Les égoutter et les verser dans la sauce aux blettes.
Mélanger avant de servir.

PÂTE : ■ 150 g de farine de châtaigne ■ 150 g de semoule de blé dur complet ■ ½ c. à c. de sel ■ 2 œufs ■ un petit peu d'eau

COULIS DE BLETTE : ■ 12 feuilles de blette ■ une pincée de thym ■ 4 c. à s. de raisins secs ■ 2 c. à s. d'huile vierge de colza ■ une pincée de sel

45

« MIETTES » AU MAÏS ET SAUCE AU BROCOLI

LAMINOIR OU FILIÈRE

Si, à partir de la recette de base des pâtes au maïs, on veut en renforcer le goût, on peut augmenter la part de farine de maïs au détriment de la fécule. Résultat : une pâte au bon goût de maïs, qui s'effrite spontanément. Mieux vaut prendre le parti de la laisser s'émietter à la sortie du laminoir ou de la filière d'extrusion : ces « miettes » savoureuses peuvent se préparer en gratin, comme les crozets, ou comme ici, accompagner une sauce gourmande de leur belle couleur vive.

Mélanger la fécule, la farine et le sel. Creuser un puits et y battre les trois œufs. Incorporer l'eau petit à petit, pour obtenir une pâte lisse. La laisser reposer sous un linge.
Étaler la pâte au laminoir avec délicatesse, jusqu'au cran 3. La couper à la machine ou au couteau, de façon à obtenir de petits carrés de pâte irréguliers, d'environ 5 millimètres de côté.
Détailler le brocoli en petits bouquets. Éplucher le « tronc » et le couper en rondelles. Placer le brocoli détaillé dans un panier vapeur et le faire cuire à la vapeur douce, dix minutes environ.
Dans une petite casserole, délayer la purée d'amande avec une louchée du jus de cuisson du brocoli. Lorsque le mélange blanchit, ajouter le jus du citron, l'ail écrasé, le sel et le zeste haché du citron. Bien mélanger et ajouter quelques louchées de bouillon, jusqu'à ce que la sauce devienne fluide. La faire chauffer quelques minutes à feu très doux.
Faire cuire les pâtes au maïs, une minute dans de l'eau bouillante.
Les servir avec les bouquets de brocoli enrobés de sauce à l'amande et saupoudrés de parmesan.

PÂTE : ■ 150 g de fécule de maïs ■ 150 g de farine de maïs ■ 1 c. à c. de sel ■ 3 œufs ■ environ 75 ml d'eau

SAUCE AU BROCOLI : ■ 1 brocoli ■ 1 c. à s. bombée de purée d'amande complète ■ ½ citron bio ■ 1 gousse d'ail ■ une pincée de sel aux herbes ■ parmesan

46

PÂTES DE TEFF AUX PLEUROTES

FILIÈRE

Connaissez-vous le teff ? Cette recette vous offre l'occasion de découvrir les parfums boisés de cette céréale éthiopienne. Les jours fastes, vous pourrez peut-être remplacer les pleurotes cultivés par des cèpes. Prévoyez environ 700 grammes de cèpes, car vous aurez sans doute à retirer la « mousse » jaune ou verte du dessous des chapeaux. Vous pourrez détailler les chapeaux et les pieds en lamelles de taille similaire et les cuire en même temps.

Mélanger les deux farines et le sel.
Y incorporer l'eau progressivement, pour obtenir une boule de pâte homogène. La laisser reposer sous un linge.
Passer la pâte dans une filière pour la transformer en spaghettis ou en linguine.
Porter un grand volume d'eau à ébullition. Y faire cuire les pâtes quelques minutes et goûter pour vérifier leur cuisson.
Gratter les pleurotes avec la pointe d'un couteau pour ôter les parties abîmées ou les traces de terre.
Couper les pieds et les hacher finement, en réservant les chapeaux.
Dans une poêle huilée, faire suer doucement les échalotes et les pieds hachés pendant quelques minutes, puis ajouter les chapeaux entiers.
Lorsque les champignons ont rendu leur eau de végétation, augmenter le feu pour la laisser s'évaporer et faire dorer les champignons en remuant régulièrement. Saler.
Servir les pâtes et les pleurotes saupoudrés de copeaux de parmesan.

PÂTE : ■ 100 g de farine de sarrasin ■ 100 g de farine blanche de teff ■ ½ c. à c. de sel ■ 150 ml d'eau

ACCOMPAGNEMENT : ■ 500 g de pleurotes ■ huile d'olive ■ 2 échalotes ■ sel aux herbes ■ 40 g de parmesan

6e PARTIE

LES SAUCES

FAIT **BIO**
FAIT **MAISON**

47

PRÉPARER DES SAUCES CRÉMEUSES À L'AMANDE

Généreuses et onctueuses, ces sauces utilisent de la purée d'amande ou de la crème liquide à l'amande, intéressantes variantes végétales de la crème fraîche.

CAROTTE ET AMANDE

■ 1. Éplucher 4 carottes et les couper en fines lamelles au couteau économe.

■ 2. Mélanger 1 c. à s. bombée de purée d'amande blanche avec une pincée de sel et une goutte d'eau.

■ 3. Lorsque l'eau de cuisson des pâtes est chaude mais pas encore arrivée à ébullition, en prélever une louchée et la mélanger à la purée d'amande, pour obtenir une sauce fluide.

■ 4. En fin de cuisson, plonger les lamelles de carotte dans l'eau bouillante où cuisent les pâtes. Les égoutter en même temps que celles-ci. Arroser avec la crème d'amande.

CARBONARA VÉGÉTARIENNE

■ 1. Dans un peu d'huile d'olive, faire revenir 2 oignons hachés et 200 g de tofu fumé coupé en « petits lardons ». Ajouter du sel et de la muscade râpée.

■ 2. Lorsque le tofu est doré, verser 200 ml de crème « cuisine » à l'amande et laisser réduire pendant la cuisson des pâtes. Battre 3 œufs.

■ 3. Égoutter les pâtes *al dente* et les remettre dans la casserole. Verser les œufs et la sauce au tofu sur les pâtes puis bien mélanger.

48

PRÉPARER UNE SAUCE « DU PLACARD »

Ces sauces se préparent avec des ingrédients du placard, en moins de temps qu'il n'en faut pour faire chauffer l'eau des pâtes. C'est un ami italien qui m'a fait connaître les pâtes à la chapelure en les préparant devant nous, dans un mélange de rapidité efficace et de grand soin. Depuis, je les ai adoptées : malgré la simplicité de la recette, la chapelure fait découvrir les spaghettis sous un jour nouveau et délicieux.

CHAPELURE ET CÂPRES :

■ 1. Dans une sauteuse, faire chauffer 4 c. à s. d'huile d'olive. Y ajouter 6 c. à s. de chapelure, 2 gousses d'ail écrasées et 3 c. à s. de câpres égouttées. Faire dorer la chapelure à feu doux, en remuant, pendant cinq à dix minutes.

■ 2. Verser les pâtes égouttées dans la sauteuse. Mélanger et servir immédiatement.

BON À SAVOIR :
On peut préparer une petite réserve de chapelure en mixant du pain sec. Elle se conserve dans un bocal hermétique, dans un placard.

AVOINE ET TAMARI :

■ 1. Faire chauffer 250 ml de crème d'avoine liquide dans une petite casserole, pendant une ou deux minutes.

■ 2. Hors du feu, ajouter 2 c. à s. de tamari et mélanger.

49

PRÉPARER DES PESTOS DIFFÉRENTS

Vous connaissez le pesto *alla genovese*, cette sauce classique obtenue en réduisant en purée un bouquet de basilic, des pignons de pin, de l'huile d'olive et du pecorino romano ? Voici d'autres sauces vertes et crues, pour mettre une touche de printemps sur vos pâtes.

PESTO DE PISSENLIT :

■ 1. Laver soigneusement environ 100 g de pissenlits, avec un trait de vinaigre blanc dans l'eau.

■ 2. Presser ½ citron. Hacher très finement les feuilles de pissenlit, au mixeur à lame ou avec un grand couteau. Verser le jus du citron sur le hachis. Ajouter 1 c. à s. de gomasio et un filet d'huile d'olive, et mélanger.

■ 3. Amer et acidulé, ce pesto est délicieux au sortir de l'hiver. Vous pourrez aussi réserver quelques fleurs comestibles de votre cueillette (pissenlits, pâquerettes, violettes) pour décorer le plat de pâtes.

PESTO D'ÉPINARD ET NOIX :

■ 1. Laver soigneusement 100 g d'épinards frais. Les hacher très finement, avec un grand couteau ou un hachoir berceuse. Verser ce hachis dans un saladier et l'enrober d'huile d'olive (3 c. à s. environ). Mélanger avec ½ c. à c. de sel.

■ 2. Écaler 8 noix. Les écraser au pilon jusqu'à obtenir une poudre grossière. L'incorporer au pesto d'épinard.

50

PRÉPARER UN PESTO DE ROQUETTE

À la fois poivrée et un peu amère, la roquette donne un pesto particulièrement relevé. Ce pesto est meilleurs frais. Cependant, il est possible de les conserver quelques jours au réfrigérateur, dans un récipient hermétique. Tasser le pesto dans un bocal étroit pour réduire au minimum la surface au contact de l'air. Verser une fine couche d'huile d'olive dessus, pour le protéger de l'oxydation.

ÉTAPE PAR ÉTAPE :

■ 1. Mixer 100 g de feuilles de roquette avec 1 c. à s. de purée d'amande et une pincée de sel.

■ 2. Ajouter 1 c. à s. d'huile en filet par la goulotte du robot culinaire, de façon à obtenir une pâte claire bien émulsionnée..

LE PETIT TRUC :

On peut préparer cette sauce à la main ou au mixeur. Chaque technique donnera des résultats différents : texture granuleuse pour le couteau, ce qui conviendra bien aux pâtes courtes et aux salades de pâtes ; texture plus lisse au mixeur, pour accompagner des spaghettis.

51

PRÉPARER DES SAUCES TOMATES

Les variétés de légumes que vous choisirez pour la sauce crue ont leur importance : des tomates bien charnues d'une part, un poivron vert doux et long, à la peau très fine, d'autre part.

SAUCE LÉGÈRE AU FENOUIL :

■ 1. Ôter les tiges ligneuses d'un fenouil et réserver le feuillage. Émincer le fenouil et un bel oignon jaune.

■ 2. Les faire revenir dans 1 c. à s. d'huile d'olive.

■ 2. Lorsque l'oignon devient transparent, ajouter 250 ml de coulis de tomate et quelques feuilles d'estragon ciselées. Saler. Laisser mijoter dix minutes environ, jusqu'à ce que le fenouil soit bien tendre.

■ 4. Décorer avec le feuillage du fenouil.

SAUCE CRUE À LA CORIANDRE :

■ 1. Éplucher 4 tomates bien mûres et 1 oignon jaune. Ôter le pédoncule et les graines d'un petit poivron vert long.

■ 2. Détailler tous les légumes en tout petits dés. Hacher quelques feuilles de coriandre.

■ 3. Mélanger les légumes et la coriandre hachée. Servir sur les pâtes, en arrosant d'un filet d'huile d'olive.

52

PRÉPARER UNE BOLOGNAISE VÉGÉTARIENNE

Vous avez passé du temps à soigner la fabrication de vos pâtes fraîches et n'avez peut-être pas envie de vous consacrer à une sauce mitonnée... Cette recette utilise des légumes hachés, pour les cuire plus rapidement, mais aussi du coulis de tomate en conserve. Elle concilie ainsi nos envies de saveurs fraîches et un temps de préparation raisonnable.
J'ai choisi de remplacer ici la viande de bœuf par du tofu fumé, un peu plus relevé que le tofu classique. Haché dans une sauce tomate, il constitue un accompagnement aussi consensuel qu'une sauce bolognaise, pour plaire à tous, végétariens ou non.

Au robot culinaire à lame métallique, hacher 1 carotte, 1 branche de céleri, 2 gousses d'ail et 200 g de tofu fumé.

Porter un grand volume d'eau à ébullition, qui servira plus tard à la cuisson des pâtes. Y plonger 3 tomates fraîches pour une minute. Les sortir de l'eau, les éplucher et les découper en petits cubes. Faire revenir 1 oignon haché et les tomates dans un peu d'huile. Cuire à feu doux dix minutes.

Ajouter le mélange mixé, 200 g de coulis de tomate, ½ c. à s. d'origan séché, une pointe de muscade râpée et du sel. Poursuivre la cuisson à petit feu pendant cinq minutes.

FIN

ANNEXES

FAIT **BIO**

FAIT **MAISON**

{annexes}

QUELQUES INGRÉDIENTS

Tous les ingrédients utilisés ici se trouvent dans les magasins bio. Y en a-t-il que vous ne connaissez pas ? J'espère que vous trouverez de quoi vous ouvrir l'appétit dans ce glossaire.

AILLET

Savez-vous qu'il y a une saison pour l'ail aussi ? En bio, l'ail n'est pas irradié pour sa conservation. À partir de mars, il devient plus rare sur les étals ou a tendance à germer. Vers avril arrive l'aillet. Il s'agit de l'ail du printemps, que l'on appelle aussi parfois « ail vert ». La plante n'est pas encore arrivée à maturité et le bulbe ne s'est pas divisé en gousses, mais on peut consommer à la fois la tête et la tige verte, aussi tendre et fraîche que celle de l'oignon-tige.
Délicieux dans les omelettes, les vinaigrettes et les sauces des pâtes.

ALFAFA

Alfafa ou alfalfa : c'est l'autre nom de la luzerne, cette légumineuse proche du trèfle cultivée comme fourrage. Dans notre assiette, l'alfafa est consommé sous forme de petites pousses vertes, après le développement des premières feuilles.
Il est très facile à faire germer chez soi et donne des pousses tendres, au goût frais et doux. Voilà probablement pourquoi c'est une des graines germées les plus connues.

GOMASIO

Ce condiment d'origine japonaise combine des graines de sésame grillées et moulues avec une petite part de sel, dans des proportions d'un peu plus de dix pour cent.
Cette poudre beige granuleuse se parsème sur les plats et apporte une petite note torréfiée. Attention, quand on y a goûté, on a envie d'en mettre partout !

HUILE VIERGE

Comme les huiles d'olive, les huiles bio (de tournesol, de colza, de sésame, etc.) ont la particularité d'être vierges, c'est-à-dire obtenues uniquement par des moyens mécaniques, sans adjonction de solvants pétrochimiques.

Ces méthodes sont accessibles aux huileries artisanales et même à la ferme, chez les producteurs de tournesol ou de colza qui sont équipés d'une presse à vis sans fin. Et surtout, elles donnent des huiles incomparables, pour leurs qualités nutritionnelles mais aussi pour leur saveur.

KOMBU

Malgré son nom japonais, cette algue brune est très courante le long de nos côtes. C'est la plus pêchée en Bretagne, car elle est largement utilisée par l'industrie. En cuisine, elle est utilisée dans les soupes et les bouillons de cuisson.

Par sa teneur en glutamate, elle relève les saveurs. Elle facilite la cuisson ainsi que la digestion des céréales et légumes secs.

Le kombu s'achète généralement déshydraté, ce qui permet de le conserver longtemps dans un placard. Il suffit d'en ajouter un morceau à l'eau de cuisson.

En fin de cuisson, on pourra le consommer ou l'écarter du plat cuit, selon ses préférences.

LEVURE ALIMENTAIRE

Les levures alimentaires (ou levures diététiques) sont des champignons unicellulaires, similaires à ceux utilisés comme levure de boulangerie ou pour la fabrication de la bière. Dans le cas de la levure alimentaire, ils sont déshydratés et désactivés. Ils ne sont donc plus capables de transformer le sucre en gaz, mais sont utilisés comme complément alimentaire, pour leur teneur en vitamines B et en protéines. Pour cet usage, il est généralement recommandé d'utiliser la levure alimentaire sans la cuire.

Dans les recettes de ce livre, c'est surtout son goût qui m'intéresse. En effet, la levure alimentaire remplace délicieusement le fromage râpé sur les gratins de pâtes, grâce à son petit goût très particulier. Riche en glutamate, la levure alimentaire est aussi un exhausteur de goût.

À noter : les levures sont peu exigeantes et peuvent être élevées sur toutes sortes de résidus de l'industrie agroalimentaire. Les fabricants donnent peu de détails quant à l'origine de leur levure. Mais il existe aussi des flocons de levure cultivée sur des céréales issues de l'agriculture biologique.

LIN

Le lin est principalement cultivé pour ses fibres, qui servent à la fabrication de cordes et de tissu. Ses petites fleurs bleues donnent aussi des graines oléagineuses. Leur teneur en oméga-3 intéresse les nutritionnistes, comme moyen de rétablir les bonnes proportions oméga-6/oméga-3 dans l'alimentation animale (et les produits animaux que nous consommons). Cette culture connaît depuis quelques années une forte reprise en France.

Pour utiliser des graines de lin en cuisine, mieux vaut les moudre ou les piler, car elles sont particulièrement dures. On peut aussi les faire germer quelques jours, ce qui donne une jolie pousse verte au goût amer.

NORI

C'est l'algue la plus consommée dans le monde, car c'est elle qui enveloppe de noir les fameux sushis japonais. Elle pousse aussi sur les côtes bretonnes, où elle est cueillie à la main, avant d'être conservée au sel ou déshydratée. On peut donc la trouver sous forme de « feuilles » rectangulaires destinées à la fabrication des sushis, ou encore sous forme de petites feuilles ou de paillettes.

PANAIS

Ce légume, très commun en Grande-Bretagne, est remis au goût du jour en

France par les maraîchers bio. Le demi-long de Guernesey, variété la plus courante, ressemble à une grosse carotte blanche ; il arrive à maturité en automne et peut se conserver tout l'hiver. Il a un goût sucré et complexe. Il peut s'utiliser cru ou cuit dans de très nombreuses préparations.

PATIDOU

Cette toute petite courge (« sweet dumpling ») a une drôle de tête : elle a une peau ivoire, toute striée et crevassée d'orange ou de vert foncé. À l'intérieur, la chair est dorée, sucrée, fine et ferme ; elle tient bien à la cuisson. Avec son goût bien à elle, c'est une de mes courges préférées. Mais n'hésitez pas à la remplacer par une autre courge dans les recettes, si nécessaire.

POTIMARRON

Ce qui fait le succès de cette courge, ainsi que l'indique son nom, c'est sa chair fine et son délicieux goût de châtaigne. Il est devenu un incontournable de l'étal d'automne des maraîchers bio. Au frais et entier, il peut se conserver bien après la cueillette, au moins jusqu'à Noël.

PURÉE D'AMANDE, PURÉE DE NOISETTE

Les purées de fruits secs sont obtenues simplement en broyant les graines. On les trouve sous forme blanche ou complète, selon que les fruits ont été débarrassés ou non de leur peau. La première est plus lisse et a un goût plus sucré. La seconde est plus brune, légèrement granuleuse et a une saveur un peu plus prononcée.

QUINOA

Ce sont les petites graines d'une plante de la famille de la betterave, qui pousse en altitude en Bolivie. En pratique, on peut utiliser le quinoa comme une céréale. Il a un goût légèrement amer, que l'on retrouve dans la farine de quinoa, à la saveur marquée. C'est une farine sans gluten, à travailler avec délicatesse car la pâte manque un peu de cohésion.

SALADE DU PÊCHEUR

C'est un mélange d'algues (laitue de mer, dulse, nori) cueillies en Bretagne puis déshydratées et émiettées en paillettes. Il se conserve facilement et se parsème en petites quantités sur les plats, auxquels ils apportent des saveurs marines.

TAMARI

Comme le shoyu, c'est une sauce de soja fermenté brune. Très salée et aromatique, elle sert de condiment. Une goutte suffit pour relever une assiette, et une cuillerée pour parfumer un plat.

TEFF OU TEF

Cette céréale est cultivée en Afrique, plus particulièrement en Éthiopie où elle s'est bien adaptée à l'altitude. Elle donne de minuscules graines, qui sont moulues en farine. En Éthiopie, on l'utilise pour préparer une pâte fermentée puis cuite sous forme de grandes galettes, partagées entre les convives et servies avec plusieurs ragoûts épicés. Le teff émerge sur le marché des produits bio sans gluten en France, à un prix élevé. Reste à savoir s'il est pertinent d'en importer plus massivement d'Afrique, où cette plante faisait jusqu'à présent l'objet d'une culture vivrière et non d'exportation.

La farine de teff donne une couleur très brune à la pâte et une belle odeur de sous-bois. Une petite part, à mélanger avec d'autres farines plus discrètes, suffit pour donner une note originale aux pâtes.

TOFU

Le tofu est obtenu à partir de lait de soja caillé puis pressé. Il est vendu en particulier au rayon frais des magasins bio, sous forme de blocs fermes, rectangulaires et blancs. D'un goût plutôt fade, il demande à être assaisonné pour trouver tout son intérêt en cuisine.

TOFU LACTOFERMENTÉ

À ne pas confondre avec le soja cuisine liquide, ce substitut de la crème fraîche épaisse est obtenu à partir d'huiles vierges et de tofu lactofermenté. C'est ce procédé qui explique son acidité très agréable.

CHOISIR SES PÂTES FRAÎCHES / CHOISIR SON ACCOMPAGNEMENT

■ SANS ŒUFS
■ SANS GLUTEN

FABRIQUER SES PÂTES FRAÎCHES

DE BLÉ DUR

DE BLÉ TENDRE (FROMENT)

DE CHÂTAIGNE

DE MAÏS

D'ÉPEAUTRE

DE PETIT ÉPEAUTRE

DE QUINOA

LES RECETTES DE SAUCES ET ACCOMPAGNEMENTS

Achevé d'imprimer en avril 2011